# 物业管理条例

## 注释本

法律出版社法规中心　编

·北京·

## 图书在版编目（CIP）数据

物业管理条例注释本／法律出版社法规中心编. 5 版. -- 北京：法律出版社，2025. -- （法律单行本注释本系列）. -- ISBN 978-7-5197-9707-2

Ⅰ. D922.181.5

中国国家版本馆 CIP 数据核字第 2024LD1828 号

物业管理条例注释本
WUYE GUANLI TIAOLI
ZHUSHIBEN

法律出版社法规中心 编

责任编辑 李 群 陈 熙
装帧设计 李 瞻

| | |
|---|---|
| 出版发行 法律出版社 | 开本 850 毫米×1168 毫米 1/32 |
| 编辑统筹 法规出版分社 | 印张 3.5 字数 90 千 |
| 责任校对 张红蕊 | 版本 2025 年 1 月第 5 版 |
| 责任印制 耿润瑜 | 印次 2025 年 1 月第 1 次印刷 |
| 经 销 新华书店 | 印刷 北京中科印刷有限公司 |

地址：北京市丰台区莲花池西里 7 号（100073）
网址：www.lawpress.com.cn　　　　　　　销售电话：010-83938349
投稿邮箱：info@lawpress.com.cn　　　　　客服电话：010-83938350
举报盗版邮箱：jbwq@lawpress.com.cn　　 咨询电话：010-63939796
版权所有·侵权必究

书号：ISBN 978-7-5197-9707-2　　　　　　定价：16.00 元
凡购买本社图书，如有印装错误，我社负责退换。电话：010-83938349

# 编辑出版说明

现代社会是法治社会,社会发展离不开法治护航,百姓福祉少不了法律保障。遇到问题依法解决,已经成为人们处理矛盾、解决纠纷的不二之选。然而,面对纷繁复杂的法律问题,如何精准、高效地找到法律依据,如何完整、准确地理解和运用法律,日益成为人们"学法、用法"的关键所在。

为了帮助读者快速准确地掌握"学法、用法"的本领,我社开创性地推出了"法律单行本注释本系列"丛书,至今已十余年。本丛书历经多次修订完善,现已出版近百个品种,涵盖了社会生活的重要领域,已经成为广大读者学习法律、应用法律之必选图书。

本丛书具有以下特点:

**1. 出版机构权威。**成立于1954年的法律出版社,是全国首家法律专业出版机构,始终秉承"为人民传播法律"的宗旨,完整记录了中国法治建设发展的全过程,享有"社会科学类全国一级出版社"等荣誉称号,入选"全国百佳图书出版单位"。

**2. 编写人员专业。**本丛书皆由相关法律领域内的专业人士编写,确保图书内容始终紧跟法治进程,反映最新立法动态,体现条文本义内涵。

**3. 法律文本标准。**作为专业的法律出版机构,多年来,我社始终使用全国人民代表大会常务委员会公报刊登的法律文本,积淀了丰富的标准法律文本资源,并根据立法进度及时更新相关内容。

**4. 条文注解精准**。本丛书以立法机关的解读为蓝本,给每个条文提炼出条文主旨,并对重点条文进行注释,使读者能精准掌握立法意图,轻松理解条文内容。

**5. 配套附录实用**。书末"附录"部分收录的均为重要的相关法律、法规和司法解释,使读者在使用中更为便捷,使全书更为实用。

需要说明的是,本丛书中"适用提要""条文主旨""条文注释"等内容皆是编者为方便读者阅读、理解而编写,不同于国家正式通过、颁布的法律文本,不具有法律效力。本丛书不足之处,恳请读者批评指正。

我们用心打磨本丛书,以期待为法律相关专业的学生释法解疑,致力于为每个公民的合法权益撑起法律的保护伞。

法律出版社法规中心

2024 年 12 月

# 目 录

《物业管理条例》适用提要 ·················································· 1

## 物业管理条例

第一章 总则 ····························································· 5
    第一条 立法目的 ················································ 5
    第二条 物业管理定义 ············································ 5
    第三条 选择物业服务企业的方式 ·································· 6
    第四条 物业管理与创新、科技进步的关系 ·························· 7
    第五条 物业管理监督管理体制 ···································· 7

第二章 业主及业主大会 ················································· 8
    第六条 业主及业主权利 ·········································· 8
    第七条 业主义务 ················································ 9
    第八条 业主大会的组成与宗旨 ··································· 10
    第九条 物业管理区域划分 ······································· 10
    第十条 业主大会的成立 ········································· 10
    第十一条 业主决定事项 ········································· 12
    第十二条 业主大会会议 ········································· 13
    第十三条 业主大会会议制度 ····································· 15
    第十四条 召开业主大会会议的会前通知、告知

　　　　　　　　　和会议记录 ················· 15
　　第十五条　业主委员会性质与职责 ············· 15
　　第十六条　业主委员会备案制度 ··············· 16
　　第十七条　管理规约的内容和效力 ············· 16
　　第十八条　业主大会议事规则 ················· 17
　　第十九条　业主大会、业主委员会所作决定的
　　　　　　　限制 ··························· 17
　　第二十条　业主大会、业主委员会与公安机关、
　　　　　　　居委会的关系 ··················· 18
第三章　前期物业管理 ····························· 18
　　第二十一条　前期物业服务合同 ··············· 18
　　第二十二条　临时管理规约 ··················· 19
　　第二十三条　说明义务和承诺义务 ············· 20
　　第二十四条　前期物业管理招投标 ············· 20
　　第二十五条　买卖合同内容要求 ··············· 21
　　第二十六条　前期物业服务合同期限 ··········· 22
　　第二十七条　转让的限制性规定 ··············· 22
　　第二十八条　共用部位、设施设备的查验 ······· 23
　　第二十九条　物业资料移交 ··················· 23
　　第三十条　物业管理用房 ····················· 24
　　第三十一条　建设单位的物业保修责任 ········· 24
第四章　物业管理服务 ····························· 25
　　第三十二条　物业服务企业 ··················· 25
　　第三十三条　物业管理区域统一管理原则 ······· 25
　　第三十四条　物业服务合同 ··················· 25
　　第三十五条　物业服务企业的义务和责任 ······· 27

第三十六条　物业承接验收和物业资料移交 …… 28
第三十七条　物业管理用房权属和用途 …… 28
第三十八条　物业服务合同终止 …… 29
第三十九条　专项服务业务委托 …… 29
第四十条　物业服务费用 …… 30
第四十一条　物业服务费用交纳 …… 31
第四十二条　物业服务收费的监督 …… 31
第四十三条　特约服务 …… 32
第四十四条　公用事业等单位收费 …… 33
第四十五条　对违法行为的制止和报告义务 …… 34
第四十六条　安全防范义务及物业保安人员 …… 34
第四十七条　物业使用人的权利义务责任 …… 35
第四十八条　物业投诉制度 …… 36

第五章　物业的使用与维护 …… 36
第四十九条　公共建筑和共用设施用途 …… 36
第五十条　道路、场地设施维护 …… 37
第五十一条　供水、供电、供气、供热、通信、有线电视等单位的维修养护责任 …… 38
第五十二条　房屋装饰装修 …… 38
第五十三条　住房专项维修资金制度 …… 40
第五十四条　利用共用部位设施设备进行经营 …… 41
第五十五条　存在安全隐患时的维修养护责任 …… 42

第六章　法律责任 …… 43
第五十六条　对建设单位违法选聘物业服务企业的处罚 …… 43
第五十七条　建设单位擅自处分业主对于共用部位、

共用设施设备的所有权或者使用权的法律责任 ·············· 44

第五十八条 对拒不按照法律、法规规定移交有关物业资料的处罚 ·············· 44

第五十九条 物业服务企业将一个物业管理区域内的全部物业管理一并委托给他人的法律责任 ·············· 44

第六十条 对挪用专项维修资金的处罚 ············ 44

第六十一条 对建设单位在物业管理区域内不按照规定配置必要的物业管理用房的处罚 ·············· 46

第六十二条 物业服务企业擅自改变物业管理用房用途的法律责任 ·············· 46

第六十三条 物业使用与维护中的违法行为的法律责任 ·············· 46

第六十四条 业主逾期不交纳物业服务费的法律责任 ·············· 47

第六十五条 业主以业主大会或业主委员会的名义从事违法活动的法律责任 ············· 48

第六十六条 行政机关工作人员在行政管理中的违法行为的法律责任 ············· 48

第七章 附则 ·············· 49

第六十七条 施行日期 ·············· 49

## 附　录

中华人民共和国民法典(节录)(2020.5.28) ·············· 50

最高人民法院关于审理物业服务纠纷案件适用法律
　若干问题的解释(2020.12.29修正) …………… 53
最高人民法院关于审理建筑物区分所有权纠纷案件
　适用法律若干问题的解释(2020.12.29修正) ………… 54
业主大会和业主委员会指导规则(2009.12.1) ………… 58
物业服务收费管理办法(2003.11.13) ………………… 69
物业服务收费明码标价规定(2004.7.19) …………… 73
前期物业管理招标投标管理暂行办法(2003.6.26) …… 75
前期物业服务合同(示范文本) ………………………… 82
业主临时公约(示范文本) ……………………………… 96

# 《物业管理条例》
# 适用提要

随着我国城镇住房制度改革的不断深化,房屋的所有权结构发生了重大变化,越来越多的公有住房逐渐转变成个人所有。与此相适应,原来的公房承租人逐步转变为房屋所有权人,原来的公房管理者与住户之间的管理与被管理关系也逐渐演变为物业管理企业与房屋所有权人的服务与被服务关系。在住房制度改革和城市建设发展的过程中,物业管理这一新兴行业应运而生。它的产生和发展,对于改善人民群众的生活、工作环境,提高城市管理水平,扩大就业起着积极的作用。

《物业管理条例》共7章67条,主要规定了业主及业主大会、前期物业管理、物业管理服务以及物业的使用与维护等内容。

根据条例的规定,如果业主选择物业管理企业对其物业进行管理,则适用条例的规定,也就是说,条例并不强制要求业主必须选择物业管理企业进行物业管理。同时,条例明确了业主即房屋的所有权人在物业管理中的主体地位,遵循了物业管理是业主的自我管理,物业管理企业接受业主委托,具体实施物业管理有关事项的原则。条例还要协调好民事关系、市场调节和政府干预的关系。物业管理从根本上说,主要涉及的还是民事法律关系,是业主和物业管理公司之间在平等自愿的基础上建立起来的关系。对于民事法律关系,政府不应当做太多的干预,因此,条例主要是通过设定市场选择的规则,搭建民事关系的基本框架,由当事人自己进行市场选择,自己决定民事法律关系的内容。

条例规定了业主的权利和义务,业主通过业主大会行使在物业管理中的各项权利,业主委员会是业主大会的执行机构,具体负责执行业主大会在物业管理中作出的决定。业主大会选聘物业管理企业进行管理,业主委员会代表业主与物业管理企业签订物业服务合同。物业管理企业根据合同的约定提供服务,并收取相应的报酬。

在业主成立业主大会,并选聘物业管理企业之前,物业的建设单位可以选聘物业管理企业实施前期物业管理,业主签订的购房合同中必须包含前期物业管理的内容,建设单位要向业主说明业主临时公约的内容。前期物业服务合同在业主大会与其选聘的物业管理企业签订物业服务合同时终止。

业主在物业的使用中必须遵守业主大会制定的业主公约,尊重其他业主的权利,不能损害公共利益。同时,物业管理企业也不能擅自处分业主的权利。物业管理企业未能履行合同义务,造成业主人身、财产损失的,必须依法承担赔偿责任。业主不按时缴纳物业服务费的,实际上是损害了全体业主的公共利益,因此条例规定,业主委员会应当督促其缴纳。同时,条例还确立了物业共用部位、共用设备设施的维修基金制度,以保证物业使用和维护的需要。

条例公布以后,建设部、国家发改委于2003年发布了《关于印发物业服务收费管理办法的通知》,规定物业服务收费应当区分不同物业的性质和特点分别实行政府指导价和市场调节价。

  2020年,最高人民法院又公布了《关于审理建筑物区分所有权纠纷案件适用法律若干问题的解释》和《关于审理物业服务纠纷案件适用法律若干问题的解释》,对建筑物区分所有权及物业服务纠纷案件审判实践中的若干热点、难点问题作出了规定。

# 物业管理条例

(2003年6月8日国务院令第379号公布 根据2007年8月26日国务院令第504号《关于修改〈物业管理条例〉的决定》第一次修订 根据2016年2月6日国务院令第666号《关于修改部分行政法规的决定》第二次修订 根据2018年3月19日国务院令第698号《关于修改和废止部分行政法规的决定》第三次修订)

## 第一章 总 则

**第一条 【立法目的】**[①]为了规范物业管理活动,维护业主和物业服务企业的合法权益,改善人民群众的生活和工作环境,制定本条例。

**第二条 【物业管理定义】**本条例所称物业管理,是指业主通过选聘物业服务企业,由业主和物业服务企业按照物业服务合同约定,对房屋及配套的设施设备和相关场地进行

---

① 条文主旨为编者所加,下同。

维修、养护、管理,维护物业管理区域内的环境卫生和相关秩序的活动。

**条文注释**

本条例第2条对物业管理下定义,实际是要解决本条例的调整范围问题。(1)物业管理是由业主通过选聘物业服务企业的方式来实现的活动。对于房屋等建筑物的管理,业主可以采取自己管理、委托不同的专业服务公司管理、选聘物业服务企业等方式。本条例调整的物业管理,仅指业主通过选聘物业服务企业对物业进行管理这种方式。必须说明的是,业主有权选择适合自己的方式来管理自己的物业,本条例并不强制业主必须选择物业服务企业来实施物业管理。(2)物业管理活动的基础是物业服务合同。物业服务合同是业主和物业服务企业订立的关于双方在物业管理活动中的权利义务的协议。物业管理企业根据物业服务合同内容提供物业管理服务,业主根据物业服务合同交纳相应的物业服务费用,双方是平等的民事法律关系。(3)物业管理的内容是业主和物业服务企业对物业进行维修养护、管理,对相关区域内的环境卫生和秩序进行维护。主要由业主和物业服务企业在物业服务合同中约定。

此外,还需明确的是:(1)本条例既调整住宅物业的物业管理活动,也调整非住宅物业的物业管理活动;(2)本条例的适用范围,既包括城市,也涵盖乡村。

**第三条 【选择物业服务企业的方式】**国家提倡业主通过公开、公平、公正的市场竞争机制选择物业服务企业。

**条文注释**

本条是倡导性条款。物业管理活动本质上是一项民事法律活动。物业服务企业和业主大会之间不是依附或隶属的关系,而是作为两个平等的民事主体,平等地作出意思表示达成民事法律关系的结果。相对一个物业管理区域来说,业主选择哪一个物业服务企业来提供物业管理服务,完全是一个市场行为。

业主选择物业服务企业,可以通过物业管理招标投标方式来进行。本条规定属于倡导性规范,因此,业主既可以采用招标投标方式来选择物业服务企业,也可以采取协议等其他方式来选择物业服务企业。

关联法规

《民法典》第119条;《招标投标法》第5条;《前期物业管理招标投标管理暂行办法》第4条

---

**第四条 【物业管理与创新、科技进步的关系】**国家鼓励采用新技术、新方法,依靠科技进步提高物业管理和服务水平。

**第五条 【物业管理监督管理体制】**国务院建设行政主管部门负责全国物业管理活动的监督管理工作。

县级以上地方人民政府房地产行政主管部门负责本行政区域内物业管理活动的监督管理工作。

---

条文注释

物业管理监督管理体制是指由物业管理监督管理机构及其管理职责、管理程序、相互关系等组成的有机整体。

本条例第5条第1款规定了国家一级的物业管理主管机构及其职责。国家一级的物业管理主管机构是指国务院建设行政主管部门,管理职责是负责全国物业管理活动的监督管理工作。

本条例第5条第2款规定了地方一级的物业管理活动的监督管理机构及其职责。各地物业管理主管机构是指县级以上地方人民政府房地产行政主管部门,管理职责是对本行政区域内的物业管理活动实施监督管理。需要说明的是,这里所称的"房地产行政主管部门"是一个笼统和灵活的称呼,各地房地产行政主管部门的名称或设置并不完全相同。

## 第二章　业主及业主大会

**第六条　【业主及业主权利】**房屋的所有权人为业主。

业主在物业管理活动中,享有下列权利:

(一)按照物业服务合同的约定,接受物业服务企业提供的服务;

(二)提议召开业主大会会议,并就物业管理的有关事项提出建议;

(三)提出制定和修改管理规约、业主大会议事规则的建议;

(四)参加业主大会会议,行使投票权;

(五)选举业主委员会成员,并享有被选举权;

(六)监督业主委员会的工作;

(七)监督物业服务企业履行物业服务合同;

(八)对物业共用部位、共用设施设备和相关场地使用情况享有知情权和监督权;

(九)监督物业共用部位、共用设施设备专项维修资金(以下简称专项维修资金)的管理和使用;

(十)法律、法规规定的其他权利。

### 条文注释

本条第 1 款规定了业主的概念。从本条例第 2 条的规定中可以看出,"物业"实际上指的是"房屋及配套的设施设备和相关场地",将业主定义为"房屋的所有权人",并没有排除业主对与房屋相配套的设施设备和相关场地拥有的相关权利。此外,根据《最高人民法院关于审理建筑物区分所有权纠纷案件适用法律若干问题的解释》第 1 条的规定,其一,依法登记取得或者依据《民法典》第 229 条至第 231 条规定取得建筑物专有部分所有权的人,应当认定为《民法典》第 2 编第 6 章所称的业主;其二,基于与建设单位之间的商品房买卖民事法律行为,已经合法占有建筑物专有部分,但尚未依法办理所有权登记的人,可以认定为《民法典》第 2 编第 6 章所称的业主。

本条第 2 款规定了业主在物业管理活动中享有的权利。在物业管理活动中,业主基于对房屋的所有权享有对物业和相关共同事务进行管理的权利。这些权利有些由单个业主享有和行使,有些只能通过业主大会来实现。

**第七条　【业主义务】**业主在物业管理活动中,履行下列义务:

(一)遵守管理规约、业主大会议事规则;

(二)遵守物业管理区域内物业共用部位和共用设施设备的使用、公共秩序和环境卫生的维护等方面的规章制度;

(三)执行业主大会的决定和业主大会授权业主委员会作出的决定;

(四)按照国家有关规定交纳专项维修资金;

(五)按时交纳物业服务费用;

(六)法律、法规规定的其他义务。

条文注释

根据《民法典》第286条的规定,业主应当遵守法律、法规以及管理规约。业主大会或者业主委员会,对任意弃置垃圾、排放污染物或者噪声、违反规定饲养动物、违章搭建、侵占通道、拒付物业费等损害他人合法权益的行为,有权依照法律、法规以及管理规约,请求行为人停止侵害、排除妨碍、消除危险、恢复原状、赔偿损失。业主或者其他行为人拒不履行相关义务的,有关当事人可以向有关行政主管部门报告或者投诉,有关行政主管部门应当依法处理。

**第八条 【业主大会的组成与宗旨】**物业管理区域内全体业主组成业主大会。

业主大会应当代表和维护物业管理区域内全体业主在物业管理活动中的合法权益。

关联法规

《业主大会和业主委员会指导规则》第1~6条

**第九条 【物业管理区域划分】**一个物业管理区域成立一个业主大会。

物业管理区域的划分应当考虑物业的共用设施设备、建筑物规模、社区建设等因素。具体办法由省、自治区、直辖市制定。

关联法规

《业主大会和业主委员会指导规则》第7条

**第十条 【业主大会的成立】**同一个物业管理区域内的业主,应当在物业所在地的区、县人民政府房地产行政主管部门或者街道办事处、乡镇人民政府的指导下成立业主大会，并选举产生业主委员会。但是，只有一个业主的，或者业主人数较少且经全体业主一致同意，决定不成立业主大会的，由业主共同履行业主大会、业主委员会职责。

**条文注释**

首先，业主大会成立的主体是业主，而不强制要求必须由建设单位、物业服务企业或者政府房地产行政主管部门组织召开。

其次，成立业主大会并非业主唯一可以选择的自我管理的形式，在只有一个业主，或者业主人数较少的情况下，业主完全可以自行或者通过全体协商的方式对共同事项作出决定，没有必要成立业主大会。

再次，业主大会的成立应当接受物业所在地的区、县人民政府房地产行政主管部门的指导。

最后，业主大会成立时应当选举产生业主委员会。

为了体现在物业管理中基层人民政府的作用，发挥其密切联系群众，便于管理的优势，本条规定街道办事处和乡镇人民政府负有指导和支持业主依法成立业主大会，选举产生业主委员会的责任。街道办事处和乡镇人民政府有较强的中立性，因此，业主在法定条件已经达到，希望尽快成立业主大会，选举产生业主委员会时，可以向物业所在地的街道办事处和乡镇人民政府申请，由他们来指导业主大会的成立。

《民法典》第278条第2款规定："业主共同决定事项，应当由专有部分面积占比三分之二以上的业主且人数占比三分之二以上的业主参与表决。决定前款第六项至第八项规定的事项，应当经参与表决专有部分面积四分之三以上的业主且参与表决人数四分之三以上的业主同意。决定前款其他事项,应当经参与表决专有部分面积过半数的业主且参与表决人数过半数的业主同意。"《民法典》第278条在《物权法》第76条的基础上作了修改完善:一是将使用建筑物及其附属设施的维修资金单列一项,并降低通过这一事项的表决要求。二是增加规定"改变共有部分的用途或者利用共有部分从事经营活动"为业主共同决定的重大事项。三是适当降低业主作出决议的门槛。

**关联法规**

《业主大会和业主委员会指导规则》第8~16条

---

**第十一条 【业主决定事项】**下列事项由业主共同决定:

(一)制定和修改业主大会议事规则;

(二)制定和修改管理规约;

(三)选举业主委员会或者更换业主委员会成员;

(四)选聘和解聘物业服务企业;

(五)筹集和使用专项维修资金;

(六)改建、重建建筑物及其附属设施;

(七)有关共有和共同管理权利的其他重大事项。

---

**条文注释**

本条中规定的"建筑物及其附属设施"应该理解为建筑的总体及其附属设施,即可以由业主共同管理的部分,排除了业主专有的部分。由于这些部分属于业主共有或者共同行使权利,所以对其改建或者重建,应当属于业主大会的职能。

本条中还规定,专项维修资金的筹集和使用,都属于业主大会职责,维修资金的初次筹集,也属于业主大会的职责。本条的规定充分体现了业主对于物业自我管理、自我维护的精神,有利于化解在物业管理中出现的矛盾。

最后,业主大会职责的兜底条款规定,只要是属于业主共有或者共同管理权利的重大事项,都属于业主大会的职责范围,而不需要有法律、法规或者业主大会议事规则的规定。

**关联法规**

《业主大会和业主委员会指导规则》第17条

> **第十二条 【业主大会会议】**业主大会会议可以采用集体讨论的形式,也可以采用书面征求意见的形式;但是,应当有物业管理区域内专有部分占建筑物总面积过半数的业主且占总人数过半数的业主参加。
>
> 业主可以委托代理人参加业主大会会议。
>
> 业主大会决定本条例第十一条第(五)项和第(六)项规定的事项,应当经专有部分占建筑物总面积2/3以上的业主且占总人数2/3以上的业主同意;决定本条例第十一条规定的其他事项,应当经专有部分占建筑物总面积过半数的业主且占总人数过半数的业主同意。
>
> 业主大会或者业主委员会的决定,对业主具有约束力。
>
> 业主大会或者业主委员会作出的决定侵害业主合法权益的,受侵害的业主可以请求人民法院予以撤销。

**条文注释**

本条第1款规定了业主大会会议的召开形式。召开业主大会一般采用召集全体业主开会集体讨论的形式。但在业主人数较多的情况下,可以考虑其他的会议召开形式,如发放会议材料和选票等书面征求意见的形式等。本条第2

款规定了业主参加业主大会会议的委托代理人制度。代理人根据业主的授权在业主大会会议上行使业主的权利,视同业主本人行使权利。本条第3款规定了业主大会作出决定的方式。本条第4款规定了业主大会决定的法律效力。业主大会决定的地域效力及于业主大会所在的物业管理区域,对人的效力及于物业管理区域内的全体业主。

本条规定,召开业主大会必须有专有部分占建筑物总面积过半数的业主参加。相应地,业主大会的表决条件,为经专有部分占建筑物总面积2/3以上的业主且占总人数2/3以上的业主同意(筹集和使用专项维修资金;改建、重建建筑物及其附属设施)或者专有部分占建筑物总面积过半数的业主且占总人数过半数的业主同意(其他事项)。

本条同时还规定业主大会或者业主委员会作出的决定侵害业主合法权益的,受侵害的业主可以请求人民法院予以撤销。物业管理实施的是业主自治的原则,也就是说,业主可以按照少数服从多数的原则,自主决定自治范围内的事项,国家不应该做干预,少数业主也应当自觉地服从业主大会通过的决议,否则物业管理的基础就不复存在,业主自治无法实现。但是,如果业主大会的决议损害到了业主的合法权益,业主可以申请法院对这样的决议予以撤销。业主行使这一权利的前提是业主大会决议损害的是业主个人的合法权益,而不是涉及业主共同行使权利的事项,也就是说,必须是那些不适用少数服从多数原则的事项。

**关联法规**

《最高人民法院关于审理建筑物区分所有权纠纷案件适用法律若干问题的解释》第8、9条;《业主大会和业主委员会指导规则》第22~26、29条

**第十三条 【业主大会会议制度】**业主大会会议分为定期会议和临时会议。

业主大会定期会议应当按照业主大会议事规则的规定召开。经20%以上的业主提议,业主委员会应当组织召开业主大会临时会议。

**关联法规**

《业主大会和业主委员会指导规则》第21条

**第十四条 【召开业主大会会议的会前通知、告知和会议记录】**召开业主大会会议,应当于会议召开15日以前通知全体业主。

住宅小区的业主大会会议,应当同时告知相关的居民委员会。

业主委员会应当做好业主大会会议记录。

**第十五条 【业主委员会性质与职责】**业主委员会执行业主大会的决定事项,履行下列职责:

(一)召集业主大会会议,报告物业管理的实施情况;

(二)代表业主与业主大会选聘的物业服务企业签订物业服务合同;

(三)及时了解业主、物业使用人的意见和建议,监督和协助物业服务企业履行物业服务合同;

(四)监督管理规约的实施;

(五)业主大会赋予的其他职责。

**条文注释**

本条例第15条将业主委员会明确定位为业主大会的执行机构,从而建立了一种业主大会和业主委员会并存,业主决策机构和执行机构分离的管理模式。在过去单纯的业主委员会制度下,业主大会只是名义上的权力机构,业主委员会实际上集决策和执行的职能于一身,同时缺乏必要的监督机制,容易发生侵害大多数业主合法权益的情况。将业主委员会界定为业主大会的执行机构较好地解决了这一问题。业主委员会由业主通过业主大会会议选举产生,是业主大会的常设性执行机构,对业主大会负责,具体负责执行业主大会交办的各项物业管理事宜。

**第十六条 【业主委员会备案制度】**业主委员会应当自选举产生之日起30日内,向物业所在地的区、县人民政府房地产行政主管部门和街道办事处、乡镇人民政府备案。

业主委员会委员应当由热心公益事业、责任心强、具有一定组织能力的业主担任。

业主委员会主任、副主任在业主委员会成员中推选产生。

**关联法规**

《业主大会和业主委员会指导规则》第31~48条

**第十七条 【管理规约的内容和效力】**管理规约应当对有关物业的使用、维护、管理,业主的共同利益,业主应当履行的义务,违反管理规约应当承担的责任等事项依法作出约定。

管理规约应当尊重社会公德,不得违反法律、法规或者损害社会公共利益。

管理规约对全体业主具有约束力。

> 关联法规

《业主大会和业主委员会指导规则》第18条

**第十八条 【业主大会议事规则】**业主大会议事规则应当就业主大会的议事方式、表决程序、业主委员会的组成和成员任期等事项作出约定。

> 条文注释

业主大会议事规则是业主大会组织、运作的规程,是对业主大会宗旨、组织体制、活动方式、成员的权利义务等内容进行记载的业主自律性文件。业主大会议事规则是全体业主意志的集中体现,是业主大会运作的基本准则和依据,业主大会、业主委员会和所属的成员都必须严格遵守。除条文中列举的事项以外,业主大会议事规则还可以对其他有关业主大会活动的事项作出规定,如业主大会的宗旨、权利与义务、活动范围、经费来源、业主委员会的权利与义务等。

> 关联法规

《业主大会和业主委员会指导规则》第19、20、26~28条

**第十九条 【业主大会、业主委员会所作决定的限制】**业主大会、业主委员会应当依法履行职责,不得作出与物业管理无关的决定,不得从事与物业管理无关的活动。

业主大会、业主委员会作出的决定违反法律、法规的,物业所在地的区、县人民政府房地产行政主管部门或者街道办事处、乡镇人民政府,应当责令限期改正或者撤销其决定,并通告全体业主。

> 条文注释

为了充分发挥基层人民政府在物业管理中的作用,本条

规定了街道办事处、乡镇人民政府对物业管理中业主大会和业主委员会行为的监督管理职能,这是因为街道办事处、乡镇人民政府更容易了解到业主大会和业主委员会的行为,及时地作出处理。值得注意的是,街道办事处作为市辖区、不设区的市的人民政府的派出机关,它的行为,只能以市辖区、不设区的市的人民政府的名义作出。

**第二十条 【业主大会、业主委员会与公安机关、居委会的关系】**业主大会、业主委员会应当配合公安机关,与居民委员会相互协作,共同做好维护物业管理区域内的社会治安等相关工作。

在物业管理区域内,业主大会、业主委员会应当积极配合相关居民委员会依法履行自治管理职责,支持居民委员会开展工作,并接受其指导和监督。

住宅小区的业主大会、业主委员会作出的决定,应当告知相关的居民委员会,并认真听取居民委员会的建议。

**关联法规**

《城市居民委员会组织法》;《业主大会和业主委员会指导规则》第49~61条

## 第三章 前期物业管理

**第二十一条 【前期物业服务合同】**在业主、业主大会选聘物业服务企业之前,建设单位选聘物业服务企业的,应当签订书面的前期物业服务合同。

**条文注释**

一般而言,业主、业主大会选聘物业服务企业开展工作,物业服务合同在业主大会和物业服务企业之间签订。但是,通常情况下,在物业建成之后、业主大会成立之前,就需要进行物业管理活动。由于业主大会尚未成立,只能由建设单位选聘物业服务企业对物业实施管理服务,物业服务合同在建设单位和物业服务企业之间签订。这时的物业服务合同称为前期物业服务合同。

前期物业服务合同具有以下几个特征:(1)前期物业服务合同具有过渡性。一旦业主大会成立或者全体业主选聘了物业服务企业,业主与物业服务企业签订的合同发生效力,就意味着前期物业管理阶段结束。(2)前期物业服务合同由建设单位和物业服务企业签订。(3)前期物业服务合同是要式合同,即法律要求必须具备一定形式的合同。前期物业服务合同必须以书面的形式签订。

**关联法规**

《民法典》第464~474、479、480、494~501条;《建设部关于印发〈前期物业服务合同(示范文本)〉的通知》

**第二十二条 【临时管理规约】**建设单位应当在销售物业之前,制定临时管理规约,对有关物业的使用、维护、管理,业主的共同利益,业主应当履行的义务,违反临时管理规约应当承担的责任等事项依法作出约定。

建设单位制定的临时管理规约,不得侵害物业买受人的合法权益。

**条文注释**

本条例第2章第17条对管理规约的内容和法律效力作

出了规定。但很多情况下,物业建成后,业主的入住是一个逐渐的过程,业主大会并不能立即成立。管理规约在物业买受人购买物业时就须存在,这种在业主大会制定管理规约之前存在的管理规约,称为临时管理规约。

本条第1款规定了临时管理规约的制定,包括以下几个方面的内容:(1)临时管理规约制定的主体是建设单位。(2)临时管理规约制定的时间为物业销售之前。(3)临时管理规约制定的内容应当包含本条例第17条正式管理规约同样的内容,即对有关物业的使用、维护、管理,业主的共同利益,业主应当履行的义务,违反临时管理规约应当承担的责任等事项依法作出约定。

本条第2款规定了临时管理规约内容的限制。为了保障物业买受人的利益,本款对临时管理规约的内容进行了原则上的限制,规定建设单位制定的临时管理规约,不得侵害物业买受人的合法权益。

**第二十三条 【说明义务和承诺义务】**建设单位应当在物业销售前将临时管理规约向物业买受人明示,并予以说明。

物业买受人在与建设单位签订物业买卖合同时,应当对遵守临时管理规约予以书面承诺。

**第二十四条 【前期物业管理招投标】**国家提倡建设单位按照房地产开发与物业管理相分离的原则,通过招投标的方式选聘物业服务企业。

住宅物业的建设单位,应当通过招投标的方式选聘物业服务企业;投标人少于3个或者住宅规模较小的,经物业所在地的区、县人民政府房地产行政主管部门批准,可以采用协议方式选聘物业服务企业。

## 第三章 前期物业管理

**条文注释**

本条例第 24 条第 1 款是关于前期物业管理招投标的倡导性规定。招投标制度的推行，打破了"谁开发,谁管理"界限模糊的旧有管理模式，增加了前期物业管理的透明性，为物业服务企业创造了公平、公正、公开的市场竞争环境。

本条例第 24 条第 2 款是对住宅物业前期物业管理实施招投标进行的强制性规定。住宅物业的建设单位，应当以招投标的方式选聘物业服务企业。非住宅物业是否以招投标方式选聘物业服务企业，目前不作强制性要求。

同时，对于规模较小的住宅物业，采用招标投标的程序相对复杂、费时较多，费用也较高，建设单位可以采用协议的方式选聘物业服务企业；投标人少于三个的，由于缺乏足够的竞标，进行招投标的意义不大，也可以采用协议的方式选聘物业服务企业。但是，应当经过物业所在地的区、县人民政府房地产行政主管部门的批准才可以进行。另外，不管是采用招投标方式还是采用协议方式，都应当选聘物业服务企业。

**关联法规**

《招标投标法》；《前期物业管理招标投标管理暂行办法》

---

**第二十五条 【买卖合同内容要求】**建设单位与物业买受人签订的买卖合同应当包含前期物业服务合同约定的内容。

---

**关联法规**

《物业服务收费管理办法》第 10 条

**第二十六条 【前期物业服务合同期限】**前期物业服务合同可以约定期限;但是,期限未满、业主委员会与物业服务企业签订的物业服务合同生效的,前期物业服务合同终止。

条文注释

本条规定了两层意思:第一,前期物业服务合同可以约定期限。第二,前期物业服务合同虽然期限未满,但业主委员会与物业服务企业签订的物业服务合同生效的,前期物业服务合同仍然终止。也就是说,前期物业服务合同的终止,在业主委员会与物业服务企业签订的物业服务合同生效的情况下可以实现。这是由前期物业管理本身的过渡性决定的。一旦业主组成了代表和维护自己利益的业主大会,选聘了物业服务企业,进入了正常的物业管理阶段,则前期物业管理就不再有存在的必要,自动终止,终止的时间以业主委员会与物业服务企业签订的物业服务合同生效时为准。

**第二十七条 【转让的限制性规定】**业主依法享有的物业共用部位、共用设施设备的所有权或者使用权,建设单位不得擅自处分。

条文注释

物业共用部位、共用设施设备是物业管理区域内,业主专有房屋以外的,属于全体业主共同所有、共同使用的建筑物的部位、场所、设施、设备。根据我国目前的有关规定,共用部位是指住宅主体承重结构部位(包括基础、内外承重墙体、柱、梁、楼板、屋顶等)、户外墙面、门厅、楼梯间、走廊通道等。共用设施设备是指住宅小区或单幢住宅内,共用的上下水管道、落水管、水箱、加压水泵、电梯、天线、供电线路、照明、锅炉、暖气线路、燃气线路、消防设施、绿地、道路、路灯、沟渠、池、井、非经营性车场车库、公益性文体设施和共用设施设备使用的房屋等。

物业共用部位、共用设施设备为全体业主共同所有或者使用，建设单位无权对之擅自进行处分。但是在实践中，建设单位擅自处分归业主所有或者使用的物业共用部位、共用设施设备，侵害业主合法的财产权利的情况比较突出，因此本条专门规定建设单位不得将业主依法享有的物业共用部位、共用设施设备的所有权或者使用权转让给他人。

**第二十八条　【共用部位、设施设备的查验】**物业服务企业承接物业时，应当对物业共用部位、共用设施设备进行查验。

**第二十九条　【物业资料移交】**在办理物业承接验收手续时，建设单位应当向物业服务企业移交下列资料：

（一）竣工总平面图，单体建筑、结构、设备竣工图，配套设施、地下管网工程竣工图等竣工验收资料；

（二）设施设备的安装、使用和维护保养等技术资料；

（三）物业质量保修文件和物业使用说明文件；

（四）物业管理所必需的其他资料。

物业服务企业应当在前期物业服务合同终止时将上述资料移交给业主委员会。

**关联法规**

《房屋接管验收标准》

**第三十条 【物业管理用房】**建设单位应当按照规定在物业管理区域内配置必要的物业管理用房。

**第三十一条 【建设单位的物业保修责任】**建设单位应当按照国家规定的保修期限和保修范围,承担物业的保修责任。

### 条文注释

物业保修责任是指建设单位有对物业竣工验收后在保修期内出现不符合工程建筑强制性标准和合同约定的质量缺陷,予以保证修复的责任。虽然物业服务企业按照物业服务合同对物业进行维修、养护、管理,但前期物业管理一般处于建设单位的物业保修期间内,在保修期间与范围内的房屋维修由建设单位承担首要责任。《城市房地产开发经营管理条例》第16条第2款明确规定:"房地产开发企业应当对其开发建设的房地产开发项目的质量承担责任。"为了区别物业服务企业和建设单位对物业的维修的不同责任,本条例第31条在此进一步明确建设单位对物业的保修责任,保修责任应当按照国家规定的保修期限和保修范围承担,保修期限与范围以外的物业维修、保养由物业服务企业按照物业服务合同的约定承担。

### 关联法规

《建筑法》第6章;《建设工程质量管理条例》第6章;《房屋建筑工程质量保修办法》

# 第四章 物业管理服务

**第三十二条 【物业服务企业】**从事物业管理活动的企业应当具有独立的法人资格。

国务院建设行政主管部门应当会同有关部门建立守信联合激励和失信联合惩戒机制,加强行业诚信管理。

**条文注释**

本条第1款是关于物业服务企业性质、地位的规定。物业服务企业属于从事经营活动的市场主体。作为市场主体,应当具有相应的主体资格,享有完全的民事权利能力和行为能力,能够独立承担民事责任。物业服务企业应当具有独立的法人资格,意味着物业服务企业应当具备下列条件:(1)依法成立。即物业服务企业的设立程序要符合法律法规的规定。(2)有必要的财产或者经费。(3)有自己的名称、组织机构和场所。(4)能够独立承担民事责任。

本条第2款是关于加强行业诚信管理的规定。具体规定了信用监管措施,国务院建设行政主管部门应当会同有关部门建立守信联合激励和失信联合惩戒机制。

**关联法规**

《民法典》第57~86条

**第三十三条 【物业管理区域统一管理原则】**一个物业管理区域由一个物业服务企业实施物业管理。

**第三十四条 【物业服务合同】**业主委员会应当与业主大会选聘的物业服务企业订立书面的物业服务合同。

> 物业服务合同应当对物业管理事项、服务质量、服务费用、双方的权利义务、专项维修资金的管理与使用、物业管理用房、合同期限、违约责任等内容进行约定。

**条文注释**

物业服务合同是确立业主和物业服务企业在物业管理活动中的权利义务的法律依据。在物业管理活动中,物业服务合同的地位非常重要。物业服务合同属于民事合同的范畴,是业主、物业管理企业设立物业服务关系的协议。物业服务合同的当事人中,物业服务企业具有独立的法人资格,业主是分散的具有独立法律人格的自然人、法人或者其他组织。业主和物业服务企业之间是平等的民事主体的关系,不存在领导者与被领导者、管理者与被管理者的关系。

物业服务合同的内容应当由当事人约定。本条例第34条第2款规定属于指引性规范,意在引导物业管理当事人在订立物业服务合同时约定一些必要的内容,以利于合同的履行。物业服务合同一般应当具备以下主要内容:(1)物业管理事项,主要包括物业共用部位的维护与管理,物业共用设备设施及其运行的维护和管理,环境卫生、绿化管理服务,物业管理区域内公共秩序、消防、交通等协助管理事项的服务,物业装饰装修管理服务,专项维修资金的代管服务,物业档案资料的管理。(2)服务质量,即对物业服务企业提供的服务在质量上的具体要求。(3)服务费用,目前主要有两种计算方式:一是按照每平方米多少元来计算;二是按照每户多少元来计算。(4)双方的权利义务。(5)专项维修资金的管理和使用。(6)物业管理用房。(7)合同期限,期限条款应当尽量明确、具体,或者明确规定计算期限的方法。(8)违约责任,即物业服务合同当事人一方或者双方不履行合同或者不适当履行合同,依照法律的规定或者按照当事人的约定应当承担的法律责任。此外,物业服务合同一般还应载明双方当事人的基本情况、物业管理区域的范围、合同终止和解除的约定、解决合同争议的方法以及当事人约定的其他事项等内容。

关联法规

《民法典》第469条;《最高人民法院关于审理物业服务纠纷案件适用法律若干问题的解释》第1、2条;《物业服务收费管理办法》第2、15条;《物业服务收费明码标价规定》第2条

**第三十五条 【物业服务企业的义务和责任】**物业服务企业应当按照物业服务合同的约定,提供相应的服务。

物业服务企业未能履行物业服务合同的约定,导致业主人身、财产安全受到损害的,应当依法承担相应的法律责任。

条文注释

本条第1款规定了物业服务企业的主要义务,即按照合同约定提供相应的服务是物业服务企业的主要合同义务。本条第2款对物业服务企业不履行合同约定,造成业主人身和财产损害的法律责任作了原则性规定。物业服务企业就业主受到的人身和财产损害承担责任有一个前提条件,就是物业服务企业未能履行物业服务合同的约定,即物业服务企业存在违约行为。

值得注意的是,物业服务企业未能履行物业服务合同中的约定,导致业主人身、财产受到损害的,"依法"承担的是"相应"的法律责任。所谓"依法",主要是指依照《民法典》

《刑法》以及本条例等法律、法规的规定。所谓"相应",有两层含义:一是根据不同的情况,承担不同类型的责任;二是根据物业服务合同的不同约定,承担不同的责任。

关联法规

《民法典》第465、509、577~593条

**第三十六条 【物业承接验收和物业资料移交】**物业服务企业承接物业时,应当与业主委员会办理物业验收手续。

业主委员会应当向物业服务企业移交本条例第二十九条第一款规定的资料。

**第三十七条 【物业管理用房权属和用途】**物业管理用房的所有权依法属于业主。未经业主大会同意,物业服务企业不得改变物业管理用房的用途。

条文注释

物业管理用房一般包括物业办公用房、物业清洁用房、物业储藏用房、业主委员会活动用房等。本条例第37条规定确定了一个基本原则:物业管理用房的所有权依法属于业主,而不是属于建设单位、物业服务企业抑或国家。

物业管理用房的用途是特定的。一般而言,在规划设计中,就对物业管理用房的面积、布局作了明确规定。物业服务企业实施物业管理的,可以使用物业管理用房,但无权改变物业管理用房的用途。在特定条件下,有些物业管理区域内的物业管理用房确有空余,如不能改变用途,实属资源浪费,则经业主大会同意,并依法到有关部门办理相应的手续,也可以改变用途。

**第三十八条 【物业服务合同终止】**物业服务合同终止时,物业服务企业应当将物业管理用房和本条例第二十九条第一款规定的资料交还给业主委员会。

物业服务合同终止时,业主大会选聘了新的物业服务企业的,物业服务企业之间应当做好交接工作。

**条文注释**

根据《最高人民法院关于审理物业服务纠纷案件适用法律若干问题的解释》的相关规定,还应注意的是:物业服务合同的权利义务终止后,业主请求物业服务人退还已经预收,但尚未提供物业服务期间的物业费的,人民法院应予支持。

**关联法规**

《民法典》第557、558条;《最高人民法院关于审理物业服务纠纷案件适用法律若干问题的解释》第3条

**第三十九条 【专项服务业务委托】**物业服务企业可以将物业管理区域内的专项服务业务委托给专业性服务企业,但不得将该区域内的全部物业管理一并委托给他人。

**条文注释**

本条规定有两层含义:(1)物业服务企业可以将专项服务业务委托给专业化公司。这里的专项服务业务,是指保安、保洁、绿化、电梯等共用设施设备的维护等服务业务;专业服务企业,是指专门为客户提供某项服务业务的专业化公司。例如,保洁公司、保安服务公司、设备维修公司、绿化公司等。在专项服务业务委托之后,物业服务企业和业主之间,仍然是物业服务合同关系;物业服务企业和专业服务企业之间,属于委托服务合同关系。委托服务合同的内容不得

与物业服务合同的内容相抵触。专业服务企业与业主之间不存在合同关系;但是,专业服务企业在履行委托服务合同时,应当遵守物业管理区域内的规章制度,不得侵害业主的合法权益。物业服务企业就专业服务企业提供的服务向业主负责。(2)物业服务企业不得把整体服务业务委托给他人。

**关联法规**

《民法典》第3编第23章

**第四十条 【物业服务费用】**物业服务收费应当遵循合理、公开以及费用与服务水平相适应的原则,区别不同物业的性质和特点,由业主和物业服务企业按照国务院价格主管部门会同国务院建设行政主管部门制定的物业服务收费办法,在物业服务合同中约定。

**条文注释**

本条规定有以下几层含义:(1)物业服务费用应当由业主和物业服务企业协商确定。(2)不同性质和特点的物业,其物业服务费用也应有所不同。例如,住宅物业和非住宅物业的业主、普通住宅物业与高档住宅物业的业主,对物业服务企业提供的物业服务的内容、质量会有不同的要求,而物业服务费用是与物业服务的内容、质量密切相关的。(3)物业服务收费,应当遵循合理、公开以及费用与服务水平相适应的原则。物业服务收费的项目、标准、程序等应当公开,不能"暗箱操作";物业服务收费应当按质论价,质价相符,既不能只收费不服务,也不能多收费少服务。(4)业主和物业服务企业应当按照物业服务收费办法来确定物业服务费用。本条例规定由国务院价格主管部门和国务院建设行政主管部门制定物业服务收费的具体管理办法,来规范物业服务收费行为。

**关联法规**

《价格法》第3、13、14条;《物业服务收费明码标价规定》;《物业服务收费管理办法》

**第四十一条　【物业服务费用交纳】**业主应当根据物业服务合同的约定交纳物业服务费用。业主与物业使用人约定由物业使用人交纳物业服务费用的,从其约定,业主负连带交纳责任。

已竣工但尚未出售或者尚未交给物业买受人的物业,物业服务费用由建设单位交纳。

**条文注释**

根据《最高人民法院关于审理物业服务纠纷案件适用法律若干问题的解释》的相关规定,应注意的是:物业服务人违反物业服务合同约定或者法律、法规、部门规章规定,擅自扩大收费范围、提高收费标准或者重复收费,业主以违规收费为由提出抗辩的,人民法院应予支持。业主请求物业服务人退还其已经收取的违规费用的,人民法院应予支持。

**关联法规**

《最高人民法院关于审理物业服务纠纷案件适用法律若干问题的解释》第2条;《物业服务收费管理办法》第15、16条

**第四十二条　【物业服务收费的监督】**县级以上人民政府价格主管部门会同同级房地产行政主管部门,应当加强对物业服务收费的监督。

**关联法规**

《物业服务收费管理办法》第4、21条

> **第四十三条 【特约服务】**物业服务企业可以根据业主的委托提供物业服务合同约定以外的服务项目,服务报酬由双方约定。

**条文注释**

物业服务合同的标的是物业服务企业提供的物业服务,物业服务的对象是物业管理区域内的全体业主。由于每个业主都是独立的民事主体,情况各异,在有着全体业主均有的共同需求之外,单个业主不可避免地会发生不同于他人的特殊需求。例如,业主张先生夫妇均在外企工作,没有时间接送上小学的儿子。于是,张先生自然产生了请人接送小孩的需求。在张先生所在物业管理区域内,并非每个业主都有这种需求。因此,这一需求无法通过业主大会与物业服务企业订立的物业服务合同解决。如果张先生需要物业服务企业提供接送其小孩的服务,则可以与物业服务企业就该事项订立协议。

理解本条规定,还需注意以下几点:(1)特约服务属于派生服务的范畴,提供特约服务,并不是物业服务企业的法定义务;(2)特约服务事项需由特定的业主和物业服务企业进行约定;(3)特约服务是一种有偿服务。

**关联法规**

《民法典》第465~471条;《物业服务收费管理办法》第20条;《物业服务收费明码标价规定》第9条

**第四十四条 【公用事业等单位收费】**物业管理区域内,供水、供电、供气、供热、通信、有线电视等单位应当向最终用户收取有关费用。

物业服务企业接受委托代收前款费用的,不得向业主收取手续费等额外费用。

▶条文注释

一般而言,业主和供水、供电、供气、供热、通信、有线电视等单位之间,是一种合同关系。向业主收取相应的水、电、气、热、通信、有线电视费是供水、供电、供气、供热、通信、有线电视等公用事业单位的权利。物业服务企业并不是合同的当事人,没有义务向公用事业单位支付这些费用,也没有权利向业主收取这些费用。

同时,按照本条规定,物业服务企业可以接受供水、供电、供气、供热、通信、有线电视等单位的委托,代收有关费用。物业服务企业有权根据自身经营状况,决定是否接受供水、供电、供气、供热、通信、有线电视等单位的委托,这些单位无权强制要求物业服务企业代收有关费用。

为了保护业主的合法权益,本条还明确规定,在物业服务企业接受供水、供电、供气、供热、通信、有线电视等单位委托,代其收取有关费用时,物业服务企业不得以各种名目向业主收取额外费用。

▶关联法规

《物业服务收费管理办法》第17条;《物业服务收费明码标价规定》第8条

**第四十五条 【对违法行为的制止和报告义务】**对物业管理区域内违反有关治安、环保、物业装饰装修和使用等方面法律、法规规定的行为，物业服务企业应当制止，并及时向有关行政管理部门报告。

有关行政管理部门在接到物业服务企业的报告后，应当依法对违法行为予以制止或者依法处理。

**第四十六条 【安全防范义务及物业保安人员】**物业服务企业应当协助做好物业管理区域内的安全防范工作。发生安全事故时，物业服务企业在采取应急措施的同时，应当及时向有关行政管理部门报告，协助做好救助工作。

物业服务企业雇请保安人员的，应当遵守国家有关规定。保安人员在维护物业管理区域内的公共秩序时，应当履行职责，不得侵害公民的合法权益。

## 条文注释

本条例第46条第1款是关于物业服务企业的安全防范义务的规定。有两层含义：(1)物业服务企业有协助做好安全防范工作的义务。(2)当物业管理区域内发生安全事故时，物业服务企业负有采取紧急措施、报告和协助救助的义务。

本条例第46条第2款是关于物业保安人员的规定。从实际情况来看，物业服务企业需要物业保安人员时，往往从专业的保安服务公司聘请。根据《公安部关于保安服务公司规范管理的若干规定》的规定，保安服务公司只能由公安机关审批和组建，其他任何单位、部门和个人均不得擅自组建。保安服务公司在招聘保安人员时，必须经过严格政审，即由当地公安机关出具证明材料，证明被录用人员没有前科和劣迹,并统一正规培训,方可上岗。

值得注意的是,本条例并没有规定物业服务企业必须雇请保安人员。物业服务企业可以雇请保安人员,也可以不雇请保安人员。在实践中,一些物业服务企业根据企业情况和业主需求,不雇请保安人员,而是由企业员工(如企业安护人员)协助维护物业管理区域内的秩序,这与本条规定并不矛盾。

关联法规

《消防法》第10、11、14、20～22、32条;《城市居民住宅安全防范设施建设管理规定》;《高层居民住宅楼防火管理规则》

**第四十七条 【物业使用人的权利义务责任】物业使用人在物业管理活动中的权利义务由业主和物业使用人约定,但不得违反法律、法规和管理规约的有关规定。**

**物业使用人违反本条例和管理规约的规定,有关业主应当承担连带责任。**

条文注释

物业使用人是指物业承租人和其他实际使用物业的非所有权人。其中,物业承租人是指与物业所有权人订有物业租赁合同因而对物业享有使用权的人;其他实际使用物业的非所有权人,包括物业所有权人的亲属、朋友、雇工等因为某种原因而实际使用物业的人。

所谓连带责任,是指依照法律规定或者当事人的约定,具有一定民事法律关系的两个或者两个以上当事人对其共同债务、共同民事责任或他人债务、他人的民事责任全部承担或部分承担,并能因此引起其内部债务关系的一种民事责任。

**关联法规**

《民法典》第 577、592 条

**第四十八条 【物业投诉制度】**县级以上地方人民政府房地产行政主管部门应当及时处理业主、业主委员会、物业使用人和物业服务企业在物业管理活动中的投诉。

**条文注释**

本条是一条原则性规定，各地可以根据实际情况作出具体规定。

房地产行政主管部门作为物业管理活动的监督管理部门，有责任及时处理物业管理活动当事人之间的投诉。投诉内容在本部门职责范围内的，房地产管理部门受理投诉后，应当及时进行调查、核实，并应当在合理时间内将处理意见回复投诉人；投诉内容涉及其他行政管理部门职责的，应当及时移交有关行政管理部门处理，并告知投诉人。

## 第五章 物业的使用与维护

**第四十九条 【公共建筑和共用设施用途】**物业管理区域内按照规划建设的公共建筑和共用设施，不得改变用途。

业主依法确需改变公共建筑和共用设施用途的，应当在依法办理有关手续后告知物业服务企业；物业服务企业确需改变公共建筑和共用设施用途的，应当提请业主大会讨论决定同意后，由业主依法办理有关手续。

**条文注释**

根据《民法典》和《最高人民法院关于审理建筑物区分所

有权纠纷案件适用法律若干问题的解释》，对于业主共有部分有以下规定：(1)建筑区划内的道路，属于业主共有，但属于城镇公共道路的除外。建筑区划内的绿地，属于业主共有，但属于城镇公共绿地或者明示属于个人的除外。建筑区划内的其他公共场所、公用设施和物业服务用房，属于业主共有。(2)占用业主共有的道路或者其他场地用于停放汽车的车位，属于业主共有。(3)除法律、行政法规规定的共有部分外，建筑区划内的以下部分，也应当认定为共有部分：其一，建筑物的基础、承重结构、外墙、屋顶等基本结构部分，通道、楼梯、大堂等公共通行部分，消防、公共照明等附属设施、设备，避难层、设备层或者设备间等结构部分；其二，其他不属于业主专有部分，也不属于市政公用部分或者其他权利人所有的场所及设施等。

改变共有部分的用途、利用共有部分从事经营性活动、处分共有部分，以及业主大会依法决定或者管理规约依法确定应由业主共同决定的事项，应当认定为《民法典》第278条第1款第9项规定的有关共有和共同管理权利的"其他重大事项"，该事项由业主共同决定。

**第五十条 【道路、场地设施维护】**业主、物业服务企业不得擅自占用、挖掘物业管理区域内的道路、场地，损害业主的共同利益。

因维修物业或者公共利益，业主确需临时占用、挖掘道路、场地的，应当征得业主委员会和物业服务企业的同意；物业服务企业确需临时占用、挖掘道路、场地的，应当征得业主委员会的同意。

业主、物业服务企业应当将临时占用、挖掘的道路、场地，在约定期限内恢复原状。

**条文注释**

根据《民法典》和《最高人民法院关于审理建筑物区分所有权纠纷案件适用法律若干问题的解释》，关于道路、场地，有以下规定应注意：(1)建筑区划内的道路(非属于城镇公共道路的)、绿地(非城镇公共绿地或者明示属于个人的)或者其他公共场所，属于业主共有；占用业主共有的道路或者其他场地用于停放汽车的车位，属于业主共有。个别业主、物业服务企业不得擅自占用、挖掘前述道路或场所，不得损害业主的共同利益。(2)业主或者其他行为人违反法律、法规、国家相关强制性标准、管理规约，或者违反业主大会、业主委员会依法作出的决定，违章加建、改建，侵占、挖掘公共通道、道路、场地或者其他共有部分的，可以认定为《民法典》第286条第2款所称的其他"损害他人合法权益的行为"。据此，业主对侵害自己合法权益的行为，可以依法向人民法院提起诉讼。

**第五十一条 【供水、供电、供气、供热、通信、有线电视等单位的维修养护责任】**供水、供电、供气、供热、通信、有线电视等单位，应当依法承担物业管理区域内相关管线和设施设备维修、养护的责任。

前款规定的单位因维修、养护等需要，临时占用、挖掘道路、场地的，应当及时恢复原状。

**第五十二条 【房屋装饰装修】**业主需要装饰装修房屋的，应当事先告知物业服务企业。

物业服务企业应当将房屋装饰装修中的禁止行为和注意事项告知业主。

**条文注释**

本条例第 52 条规定旨在规范房屋装饰装修行为。我国的房屋，尤其是住宅，多数属于群体式类型。不当的房屋装饰装修活动会导致共用部位、共用设施设备的损坏，不仅影响装修房屋的结构安全和装修人自身的生命财产安全，还会影响相邻房屋的结构安全和其他居民的生命财产安全。

本条例第 52 条第 1 款规定了业主装饰装修房屋前对物业服务企业的告知义务。第 52 条第 2 款规定了物业服务企业对业主的告知义务。

装饰装修房屋是业主的权利，但这一权利的行使应以不损害他人利益和社会公共利益为前提。在一个存在多业主的物业管理区域内，业主装饰装修房屋的行为有可能会对其他业主造成影响。同时，物业服务企业有义务根据物业服务合同的约定对物业进行管理，而对物业及其共用部位、共用设施设备的结构、功能、使用等情况的了解是完成这一义务的前提。有鉴于此，本条例设定了业主装饰装修房屋前对物业服务企业的告知义务。

业主装饰装修房屋时，不得有违反法规规定以及业主公约明文禁止的行为，并应该尽到合理的注意义务。考虑到业主对相关法律法规并不一定很了解，对房屋装饰装修中的禁止行为和注意事项并不一定都清楚。本条例规定物业服务企业在知道业主装修后应当将相关禁止行为和注意事项告知业主。

**关联法规**

《住宅室内装饰装修管理办法》

**第五十三条 【住房专项维修资金制度】**住宅物业、住宅小区内的非住宅物业或者与单幢住宅楼结构相连的非住宅物业的业主,应当按照国家有关规定交纳专项维修资金。

专项维修资金属于业主所有,专项用于物业保修期满后物业共用部位、共用设施设备的维修和更新、改造,不得挪作他用。

专项维修资金收取、使用、管理的办法由国务院建设行政主管部门会同国务院财政部门制定。

**条文注释**

由于我国的住宅绝大多数属于群体式类型,且多以住宅小区的方式开发建设,住宅单体间以及单幢住宅内部存在共用部位。这些共用部位、共用设施设备是否完好、运行是否正常关系到相邻住宅,甚至整栋楼、整个小区住宅的正常使用和安全,关系到全体业主和社会公共利益。因此,由所有业主预先交纳一定费用,建立住房专项维修资金,专门用于共用部位共用设施设备的维修、改造、更新的制度应运而生。

本条第1款是关于住房专项维修资金交纳范围的规定。根据本款规定,三类物业的业主应当按照国家有关规定交纳专项维修资金:(1)住宅物业的业主;(2)住宅小区内的非住宅物业的业主;(3)与单幢住宅楼结构相连的非住宅物业的业主。

本条第2款是关于住房专项维修资金的权属和用途的规定。根据本款规定,住房专项维修资金属于业主所有,专项用于物业保修期满后物业共用部位、共用设施设备的维修和更新、改造,不得挪作他用。但专项维修资金属于业主所有,并不意味着业主个人可以随意支配维修资金。专项维修资金制度是基于全体业主的公共利益而确立的制度,有关其使用、过户、账户等必须符合国家有关规定。

本条第3款是关于专项维修资金收取使用管理办法的规定。本条例并没有就住房专项维修资金的收取、使用和管理作出具体规定,而是在规定总的原则之后,授权国务院建设行政主管部门和国务院财政部门制定相应的办法。

关联法规

《住宅专项维修资金管理办法》;《物业服务收费管理办法》第11条;《国家税务总局关于住房专项维修基金征免营业税问题的通知》

**第五十四条 【利用共用部位设施设备进行经营】**利用物业共用部位、共用设施设备进行经营的,应当在征得相关业主、业主大会、物业服务企业的同意后,按照规定办理有关手续。业主所得收益应当主要用于补充专项维修资金,也可以按照业主大会的决定使用。

条文注释

规定本条的目的主要有以下三个方面:一是原则性地规定了利用物业共用部位、共用设施设备进行经营的办理程序;二是明确相关业主、业主大会、物业服务企业对利用物业共用部位、共用设施设备进行经营的事前否决权;三是确定业主由于物业共用部位、共用设施设备经营所得收益的使用方向。

利用共用部位、共用设施设备经营需要征得相关业主的同意,这是因为经营行为可能对其权益造成影响。例如,在业主窗户下设置霓虹灯广告,就可能会影响业主的休息。这里的相关业主,主要是指直接受到经营行为影响的业主。利用共用部位、共用设施设备经营所得经营收益的使用，应当优先用于补充住房专项维修资金。此外，利用共用部位、共用设施设备经营的前提是必须符合国家、地方有关共用部位、共用设施设备安全使用、管理等相关要求及规定。在征得相关业主、业主大会、物业服务企业的同意后，还必须按照国家有关法律法规的规定办理有关合法经营等手续。

**关联法规**

《物业服务收费管理办法》第18条

**第五十五条 【存在安全隐患时的维修养护责任】**物业存在安全隐患，危及公共利益及他人合法权益时，责任人应当及时维修养护，有关业主应当给予配合。

责任人不履行维修养护义务的，经业主大会同意，可以由物业服务企业维修养护，费用由责任人承担。

**条文注释**

本条所指的物业安全隐患，主要是指物业在使用过程中由于人为、自然或突发事件等因素作用出现的潜在的结构、使用等方面的危险。本条所说的"责任人"，主要是指房屋的产权人或者说按照合同约定承担相关部位维修责任的单位和个人，还包括由于历史等特殊原因造成的房屋的实际使用者或维修责任的承担者。

本条首先明确规定物业存在安全隐患，危及公共利益及他人合法权益时，责任人应当及时维修养护。同时，由于物业结构整体性、系统性的特点，对物业某一部位、设施的安全隐患的维修养护往往要影响到相邻居民甚至整个物业管理区域内相关部位、设施的停用、占用等情况，需要这些业主的配合。为了保障及时做好存在的安全隐患、危及公共利益及他人合法权益的物业的维修养护工作,本条明确规定有关业主应当对维修养护工作给予配合。

此外,考虑到相关责任人无法或者不愿履行维修养护义务的特殊情形,本条提出经业主大会同意,可以由物业服务企业维修养护,费用由责任人承担。

**关联法规**

《城市危险房屋管理规定》

# 第六章 法律责任

> **第五十六条 【对建设单位违法选聘物业服务企业的处罚】**违反本条例的规定,住宅物业的建设单位未通过招投标的方式选聘物业服务企业或者未经批准,擅自采用协议方式选聘物业服务企业的,由县级以上地方人民政府房地产行政主管部门责令限期改正,给予警告,可以并处10万元以下的罚款。

**条文注释**

本条涉及的违法行为有以下两种情况:

(1)住宅物业的建设单位未通过招投标的方式选聘物业服务企业。一般而言,住宅物业的建设单位应当通过招投标方式选聘物业服务企业,这是因为住宅物业涉及的利益主体比较多,为了保证公共利益,必须保证选聘行为的公开和透明。这是国家的强制规定,建设单位必须遵守。

(2)特殊的住宅物业建设单位,未经批准,擅自采用协议方式选聘物业服务企业。这是针对投标人少于三个或者住宅规模较小的,经物业所在地的区、县人民政府房地产行政主管部门批准,可以采用协议方式选聘具有相应资质的物业服务企业的规定而言的。虽然这两种类型的物业可以不采用招投标的方式选聘物业服务企业,但是必须经过一定的行政机关批准,如果没有履行批准手续,擅自采用协议方式选聘物业服务企业的,就是一种违法行为。

**第五十七条 【建设单位擅自处分业主对于共用部位、共用设施设备的所有权或者使用权的法律责任】**违反本条例的规定,建设单位擅自处分属于业主的物业共用部位、共用设施设备的所有权或者使用权的,由县级以上地方人民政府房地产行政主管部门处5万元以上20万元以下的罚款;给业主造成损失的,依法承担赔偿责任。

**第五十八条 【对拒不按照法律、法规规定移交有关物业资料的处罚】**违反本条例的规定,不移交有关资料的,由县级以上地方人民政府房地产行政主管部门责令限期改正;逾期仍不移交有关资料的,对建设单位、物业服务企业予以通报,处1万元以上10万元以下的罚款。

**第五十九条 【物业服务企业将一个物业管理区域内的全部物业管理一并委托给他人的法律责任】**违反本条例的规定,物业服务企业将一个物业管理区域内的全部物业管理一并委托给他人的,由县级以上地方人民政府房地产行政主管部门责令限期改正,处委托合同价款30%以上50%以下的罚款。委托所得收益,用于物业管理区域内物业共用部位、共用设施设备的维修、养护,剩余部分按照业主大会的决定使用;给业主造成损失的,依法承担赔偿责任。

**第六十条 【对挪用专项维修资金的处罚】**违反本条例的规定,挪用专项维修资金的,由县级以上地方人民政府房地产行政主管部门追回挪用的专项维修资金,给予警告,没收违法所得,可以并处挪用数额 2 倍以下的罚款;构成犯罪的,依法追究直接负责的主管人员和其他直接责任人员的刑事责任。

**条文注释**

本条例第 53 条中规定,专项维修资金属业主所有,专项用于物业保修期满后物业共用部位、共用设施设备的维修和更新、改造,不得挪作他用。房屋的专项维修资金只能用于特定的用途,是房屋维护和保养资金,挪用专项维修资金不仅侵犯了业主的权利,还破坏了行政管理秩序,所以本条例规定了行政处罚。

本条例第 60 条规定的违法行为是挪用专项维修资金。从主体不同来分,挪用专项维修资金主要有以下两种情况:(1)房地产行政主管部门挪用。目前,有些地方规定在业主大会成立以前,专项维修资金由房地产行政主管部门代管,因此,房地产行政主管部门可能成为挪用专项维修资金的主体。(2)个别业主挪用。维修资金归业主所有,这种所有是共同所有而不是个别业主所有,但在实践中总是由具体的业主负责管理维修资金,因此,个别业主也可能成为挪用专项维修资金的主体。无论是哪种主体挪用了专项维修资金,都应当按照本条例第 60 条的规定给予处罚。

发生挪用行为以后,行政机关首先有追回被挪用资金的义务,然后再给予违法行为人以行政处罚。具体的处罚措施包括警告、没收违法所得,即通过挪用专项维修资金所得的收益。行政机关可以根据情况决定给予挪用资金 2 倍以下的罚款。

**关联法规**

《刑法》第272条

第六十一条 【对建设单位在物业管理区域内不按照规定配置必要的物业管理用房的处罚】违反本条例的规定,建设单位在物业管理区域内不按照规定配置必要的物业管理用房的,由县级以上地方人民政府房地产行政主管部门责令限期改正,给予警告,没收违法所得,并处10万元以上50万元以下的罚款。

第六十二条 【物业服务企业擅自改变物业管理用房用途的法律责任】违反本条例的规定,未经业主大会同意,物业服务企业擅自改变物业管理用房的用途的,由县级以上地方人民政府房地产行政主管部门责令限期改正,给予警告,并处1万元以上10万元以下的罚款;有收益的,所得收益用于物业管理区域内物业共用部位、共用设施设备的维修、养护,剩余部分按照业主大会的决定使用。

第六十三条 【物业使用与维护中的违法行为的法律责任】违反本条例的规定,有下列行为之一的,由县级以上地方人民政府房地产行政主管部门责令限期改正,给予警告,并按照本条第二款的规定处以罚款;所得收益,用于物业管理区域内物业共用部位、共用设施设备的维修、养护,剩余部分按照业主大会的决定使用:

(一)擅自改变物业管理区域内按照规划建设的公共建筑和共用设施用途的;

(二)擅自占用、挖掘物业管理区域内道路、场地,损害业主共同利益的;

(三)擅自利用物业共用部位、共用设施设备进行经营的。

个人有前款规定行为之一的,处 1000 元以上 1 万元以下的罚款;单位有前款规定行为之一的,处 5 万元以上 20 万元以下的罚款。

**第六十四条 【业主逾期不交纳物业服务费的法律责任】**违反物业服务合同约定,业主逾期不交纳物业服务费用的,业主委员会应当督促其限期交纳;逾期仍不交纳的,物业服务企业可以向人民法院起诉。

**条文注释**

本条例第 64 条规定的违法行为是业主逾期不交纳物业服务费,这一违法行为有双重的性质。首先,对于物业服务企业而言,业主享受了服务而不交纳服务费,是一种违约行为;其次,对于物业管理区域内其他业主而言,是一种"搭便车"的行为,实际上是侵害了按时交费的业主的权益,是对业主共同利益的侵犯。业主可以在业主公约中对这类行为约定相应的处理办法。

由于不交纳物业费实际上是侵犯了业主共同利益,所以本条例第 64 条规定,业主逾期不交纳物业服务费用的,由业主委员会代表全体业主督促其限期交纳,体现业主的自我管理、自我监督。对于仍不交纳的,物业服务企业可以向法院提起诉讼,追究其违约责任,强制其交纳。

应当注意的是,本条例第 64 条规定督促欠费业主交费的是业主委员会,但是物业服务企业起诉的对象只能是单个业主。

**关联法规**

《物业服务收费管理办法》第 15 条

**第六十五条　【业主以业主大会或业主委员会的名义从事违法活动的法律责任】**业主以业主大会或者业主委员会的名义，从事违反法律、法规的活动，构成犯罪的，依法追究刑事责任；尚不构成犯罪的，依法给予治安管理处罚。

**第六十六条　【行政机关工作人员在行政管理中的违法行为的法律责任】**违反本条例的规定，国务院建设行政主管部门、县级以上地方人民政府房地产行政主管部门或者其他有关行政管理部门的工作人员利用职务上的便利，收受他人财物或者其他好处，不依法履行监督管理职责，或者发现违法行为不予查处，构成犯罪的，依法追究刑事责任；尚不构成犯罪的，依法给予行政处分。

▶ 条文注释

本条例第66条是关于行政机关工作人员在行政管理中的违法行为的法律责任的规定。一般而言，行政机关工作人员在行政管理中的违法行为包括作为和不作为。作为的违法，是行政机关工作人员在行政管理活动中的管理行为违反了法律规范或者行政行为违反了为其设定的不为某种行为的义务，作为的违法通常体现为一定的积极的违法行为。不作为的违法，是行政机关工作人员不履行法律规范或者行政行为违反了为其设定的为某种行为的义务，不作为的违法通常体现为一种消极的状态。无论是作为的违法，还是不作为的违法，行政机关工作人员都违反了法定的义务，都对管理相对人、国家管理秩序造成损害。因此，行政机关工作人员都应当承担法律责任。

本条例第66条所规定的违法行为包括：(1)利用职务上的便利，收受他人财物或者其他好处。(2)不依法履行监督管理职责。(3)发现违法行为不予查处。

**关联法规**

《刑法》第386、388、389、397条

# 第七章 附 则

第六十七条 【施行日期】本条例自2003年9月1日起施行。

# 附录

# 中华人民共和国民法典(节录)

(2020年5月28日第十三届全国人民代表大会第三次会议通过
2020年5月28日中华人民共和国主席令第45号公布
自2021年1月1日起施行)

## 第六章 业主的建筑物区分所有权

**第二百七十一条** 业主对建筑物内的住宅、经营性用房等专有部分享有所有权,对专有部分以外的共有部分享有共有和共同管理的权利。

**第二百七十二条** 业主对其建筑物专有部分享有占有、使用、收益和处分的权利。业主行使权利不得危及建筑物的安全,不得损害其他业主的合法权益。

**第二百七十三条** 业主对建筑物专有部分以外的共有部分,享有权利,承担义务;不得以放弃权利为由不履行义务。

业主转让建筑物内的住宅、经营性用房,其对共有部分享有的共有和共同管理的权利一并转让。

**第二百七十四条** 建筑区划内的道路,属于业主共有,但是属于城镇公共道路的除外。建筑区划内的绿地,属于业主共有,但是属于城镇公共绿地或者明示属于个人的除外。建筑区划内的其他公共场所、公用设施和物业服务用房,属于业主共有。

**第二百七十五条** 建筑区划内,规划用于停放汽车的车位、车库的归属,由当事人通过出售、附赠或者出租等方式约定。

占用业主共有的道路或者其他场地用于停放汽车的车位,属于业主共有。

**第二百七十六条** 建筑区划内,规划用于停放汽车的车位、车库应当首先满足业主的需要。

**第二百七十七条** 业主可以设立业主大会,选举业主委员会。业主大会、业主委员会成立的具体条件和程序,依照法律、法规的规定。

地方人民政府有关部门、居民委员会应当对设立业主大会和选举业主委员会给予指导和协助。

**第二百七十八条** 下列事项由业主共同决定:
(一)制定和修改业主大会议事规则;
(二)制定和修改管理规约;
(三)选举业主委员会或者更换业主委员会成员;
(四)选聘和解聘物业服务企业或者其他管理人;
(五)使用建筑物及其附属设施的维修资金;
(六)筹集建筑物及其附属设施的维修资金;
(七)改建、重建建筑物及其附属设施;
(八)改变共有部分的用途或者利用共有部分从事经营活动;
(九)有关共有和共同管理权利的其他重大事项。

业主共同决定事项,应当由专有部分面积占比三分之二以上的业主且人数占比三分之二以上的业主参与表决。决定前款第六项至第八项规定的事项,应当经参与表决专有部分面积四分之三以上的业主且参与表决人数四分之三以上的业主同意。决定前款其他事项,应当经参与表决专有部分面积过半数的业主且参与表决人数过半数的业主同意。

**第二百七十九条** 业主不得违反法律、法规以及管理规约,将住宅改变为经营性用房。业主将住宅改变为经营性用房的,除遵守法律、法规以及管理规约外,应当经有利害关系的业主一致同意。

**第二百八十条** 业主大会或者业主委员会的决定,对业主具有法律约束力。

业主大会或者业主委员会作出的决定侵害业主合法权益的,受侵害的业主可以请求人民法院予以撤销。

**第二百八十一条** 建筑物及其附属设施的维修资金,属于业主共有。经业主共同决定,可以用于电梯、屋顶、外墙、无障碍设施等共有部分的维修、更新和改造。建筑物及其附属设施的维修资金的筹集、使用情况应当定期公布。

紧急情况下需要维修建筑物及其附属设施的,业主大会或者业主委员会可以依法申请使用建筑物及其附属设施的维修资金。

**第二百八十二条** 建设单位、物业服务企业或者其他管理人等利用业主的共有部分产生的收入,在扣除合理成本之后,属于业主共有。

**第二百八十三条** 建筑物及其附属设施的费用分摊、收益分配等事项,有约定的,按照约定;没有约定或者约定不明确的,按照业主专有部分面积所占比例确定。

**第二百八十四条** 业主可以自行管理建筑物及其附属设施,也可以委托物业服务企业或者其他管理人管理。

对建设单位聘请的物业服务企业或者其他管理人,业主有权依法更换。

**第二百八十五条** 物业服务企业或者其他管理人根据业主的委托,依照本法第三编有关物业服务合同的规定管理建筑区划内的建筑物及其附属设施,接受业主的监督,并及时答复业主对物业服务情况提出的询问。

物业服务企业或者其他管理人应当执行政府依法实施的应急处置措施和其他管理措施,积极配合开展相关工作。

**第二百八十六条** 业主应当遵守法律、法规以及管理规约,相关行为应当符合节约资源、保护生态环境的要求。对于物业服务企业或者其他管理人执行政府依法实施的应急处置措施和其他管理措施,业主应当依法予以配合。

业主大会或者业主委员会,对任意弃置垃圾、排放污染物或者噪声、违反规定饲养动物、违章搭建、侵占通道、拒付物业费等损害他人合法权益的行为,有权依照法律、法规以及管理规约,请求行为人停止侵害、排除妨碍、消除危险、恢复原状、赔偿损失。

业主或者其他行为人拒不履行相关义务的,有关当事人可以向有关行政主管部门报告或者投诉,有关行政主管部门应当依法处理。

**第二百八十七条** 业主对建设单位、物业服务企业或者其他管理人以及其他业主侵害自己合法权益的行为，有权请求其承担民事责任。

# 最高人民法院关于审理物业服务纠纷案件适用法律若干问题的解释

〔2009年4月20日最高人民法院审判委员会第1466次会议通过、2009年5月15日公布、自2009年10月1日起施行（法释〔2009〕8号） 根据2020年12月23日最高人民法院审判委员会第1823次会议通过、2020年12月29日公布、自2021年1月1日起施行的《最高人民法院关于修改〈最高人民法院关于在民事审判工作中适用《中华人民共和国工会法》若干问题的解释〉等二十七件民事类司法解释的决定》（法释〔2020〕17号）修正〕

为正确审理物业服务纠纷案件，依法保护当事人的合法权益，根据《中华人民共和国民法典》等法律规定，结合民事审判实践，制定本解释。

**第一条** 业主违反物业服务合同或者法律、法规、管理规约，实施妨碍物业服务与管理的行为，物业服务人请求业主承担停止侵害、排除妨碍、恢复原状等相应民事责任的，人民法院应予支持。

**第二条** 物业服务人违反物业服务合同约定或者法律、法规、部门规章规定，擅自扩大收费范围、提高收费标准或者重复收费，业主以违规收费为由提出抗辩的，人民法院应予支持。

业主请求物业服务人退还其已经收取的违规费用的，人民法院应予支持。

**第三条** 物业服务合同的权利义务终止后,业主请求物业服务人退还已经预收,但尚未提供物业服务期间的物业费的,人民法院应予支持。

**第四条** 因物业的承租人、借用人或者其他物业使用人实施违反物业服务合同,以及法律、法规或者管理规约的行为引起的物业服务纠纷,人民法院可以参照关于业主的规定处理。

**第五条** 本解释自 2009 年 10 月 1 日起施行。

本解释施行前已经终审,本解释施行后当事人申请再审或者按照审判监督程序决定再审的案件,不适用本解释。

# 最高人民法院关于审理建筑物区分所有权纠纷案件适用法律若干问题的解释

[2009 年 3 月 23 日最高人民法院审判委员会第 1464 次会议通过、2009 年 5 月 14 日公布、自 2009 年 10 月 1 日起施行(法释〔2009〕7 号) 根据 2020 年 12 月 23 日最高人民法院审判委员会第 1823 次会议通过、2020 年 12 月 29 日公布、自 2021 年 1 月 1 日起施行的《最高人民法院关于修改〈最高人民法院关于在民事审判工作中适用〈中华人民共和国工会法〉若干问题的解释〉等二十七件民事类司法解释的决定》(法释〔2020〕17 号)修正]

为正确审理建筑物区分所有权纠纷案件,依法保护当事人的合法权益,根据《中华人民共和国民法典》等法律的规定,结合民事审判实践,制定本解释。

**第一条** 依法登记取得或者依据民法典第二百二十九条至第二百三十一条规定取得建筑物专有部分所有权的人,应当认定为民法典第二编第六章所称的业主。

基于与建设单位之间的商品房买卖民事法律行为,已经合法占有建筑物专有部分,但尚未依法办理所有权登记的人,可以认定为民法典第二编第六章所称的业主。

**第二条** 建筑区划内符合下列条件的房屋,以及车位、摊位等特定空间,应当认定为民法典第二编第六章所称的专有部分:

(一)具有构造上的独立性,能够明确区分;

(二)具有利用上的独立性,可以排他使用;

(三)能够登记成为特定业主所有权的客体。

规划上专属于特定房屋,且建设单位销售时已经根据规划列入该特定房屋买卖合同中的露台等,应当认定为前款所称的专有部分的组成部分。

本条第一款所称房屋,包括整栋建筑物。

**第三条** 除法律、行政法规规定的共有部分外,建筑区划内的以下部分,也应当认定为民法典第二编第六章所称的共有部分:

(一)建筑物的基础、承重结构、外墙、屋顶等基本结构部分,通道、楼梯、大堂等公共通行部分,消防、公共照明等附属设施、设备,避难层、设备层或者设备间等结构部分;

(二)其他不属于业主专有部分,也不属于市政公用部分或者其他权利人所有的场所及设施等。

建筑区划内的土地,依法由业主共同享有建设用地使用权,但属于业主专有的整栋建筑物的规划占地或者城镇公共道路、绿地占地除外。

**第四条** 业主基于对住宅、经营性用房等专有部分特定使用功能的合理需要,无偿利用屋顶以及与其专有部分相对应的外墙面等共有部分的,不应认定为侵权。但违反法律、法规、管理规约,损害他人合法权益的除外。

**第五条** 建设单位按照配置比例将车位、车库,以出售、附赠或者出租等方式处分给业主的,应当认定其行为符合民法典第二百七十六条有关"应当首先满足业主的需要"的规定。

前款所称配置比例是指规划确定的建筑区划内规划用于停放汽车的车位、车库与房屋套数的比例。

**第六条** 建筑区划内在规划用于停放汽车的车位之外，占用业主共有道路或者其他场地增设的车位，应当认定为民法典第二百七十五条第二款所称的车位。

**第七条** 处分共有部分，以及业主大会依法决定或者管理规约依法确定应由业主共同决定的事项，应当认定为民法典第二百七十八条第一款第（九）项规定的有关共有和共同管理权利的"其他重大事项"。

**第八条** 民法典第二百七十八条第二款和第二百八十三条规定的专有部分面积可以按照不动产登记簿记载的面积计算；尚未进行物权登记的，暂按测绘机构的实测面积计算；尚未进行实测，暂按房屋买卖合同记载的面积计算。

**第九条** 民法典第二百七十八条第二款规定的业主人数可以按照专有部分的数量计算，一个专有部分按一人计算。但建设单位尚未出售和虽已出售但尚未交付的部分，以及同一买受人拥有一个以上专有部分的，按一人计算。

**第十条** 业主将住宅改变为经营性用房，未依据民法典第二百七十九条的规定经有利害关系的业主一致同意，有利害关系的业主请求排除妨害、消除危险、恢复原状或者赔偿损失的，人民法院应予支持。

将住宅改变为经营性用房的业主以多数有利害关系的业主同意其行为进行抗辩的，人民法院不予支持。

**第十一条** 业主将住宅改变为经营性用房，本栋建筑物内的其他业主，应当认定为民法典第二百七十九条所称"有利害关系的业主"。建筑区划内，本栋建筑物之外的业主，主张与自己有利害关系的，应证明其房屋价值、生活质量受到或者可能受到不利影响。

**第十二条** 业主以业主大会或者业主委员会作出的决定侵害其合法权益或者违反了法律规定的程序为由，依据民法典第二百八十条第二款的规定请求人民法院撤销该决定的，应当在知道或者应当知道业主大会或者业主委员会作出决定之日起一年内行使。

**第十三条** 业主请求公布、查阅下列应当向业主公开的情况和资料的，人民法院应予支持：

（一）建筑物及其附属设施的维修资金的筹集、使用情况；

（二）管理规约、业主大会议事规则，以及业主大会或者业主委员会的决定及会议记录；

（三）物业服务合同、共有部分的使用和收益情况；

（四）建筑区划内规划用于停放汽车的车位、车库的处分情况；

（五）其他应当向业主公开的情况和资料。

**第十四条** 建设单位、物业服务企业或者其他管理人等擅自占用、处分业主共有部分、改变其使用功能或者进行经营性活动，权利人请求排除妨害、恢复原状、确认处分行为无效或者赔偿损失的，人民法院应予支持。

属于前款所称擅自进行经营性活动的情形，权利人请求建设单位、物业服务企业或者其他管理人等将扣除合理成本之后的收益用于补充专项维修资金或者业主共同决定的其他用途的，人民法院应予支持。行为人对成本的支出及其合理性承担举证责任。

**第十五条** 业主或者其他行为人违反法律、法规、国家相关强制性标准、管理规约，或者违反业主大会、业主委员会依法作出的决定，实施下列行为的，可以认定为民法典第二百八十六条第二款所称的其他"损害他人合法权益的行为"：

（一）损害房屋承重结构，损害或者违章使用电力、燃气、消防设施，在建筑物内放置危险、放射性物品等危及建筑物安全或者妨碍建筑物正常使用；

（二）违反规定破坏、改变建筑物外墙面的形状、颜色等损害建筑物外观；

（三）违反规定进行房屋装饰装修；

（四）违章加建、改建，侵占、挖掘公共通道、道路、场地或者其他共有部分。

**第十六条** 建筑物区分所有权纠纷涉及专有部分的承租人、借用人等物业使用人的，参照本解释处理。

专有部分的承租人、借用人等物业使用人，根据法律、法规、管理规约、业主大会或者业主委员会依法作出的决定，以及其与业主的约定，享有相应权利,承担相应义务。

**第十七条** 本解释所称建设单位,包括包销期满,按照包销合同约定的包销价格购买尚未销售的物业后,以自己名义对外销售的包销人。

**第十八条** 人民法院审理建筑物区分所有权案件中,涉及有关物权归属争议的,应当以法律、行政法规为依据。

**第十九条** 本解释自2009年10月1日起施行。

因物权法施行后实施的行为引起的建筑物区分所有权纠纷案件,适用本解释。

本解释施行前已经终审,本解释施行后当事人申请再审或者按照审判监督程序决定再审的案件,不适用本解释。

# 业主大会和业主委员会指导规则

(2009年12月1日建设部发布 建住房〔2009〕274号
自2010年1月1日起施行)

## 第一章 总 则

**第一条** 为了规范业主大会和业主委员会的活动,维护业主的合法权益,根据《中华人民共和国物权法》、《物业管理条例》等法律法规的规定,制定本规则。

**第二条** 业主大会由物业管理区域内的全体业主组成,代表和维护物业管理区域内全体业主在物业管理活动中的合法权利,履行相应的义务。

**第三条** 业主委员会由业主大会依法选举产生,履行业主大会赋予的职责,执行业主大会决定的事项,接受业主的监督。

**第四条** 业主大会或者业主委员会的决定,对业主具有约束力。

业主大会和业主委员会应当依法履行职责,不得作出与物业管理无关的决定,不得从事与物业管理无关的活动。

**第五条** 业主大会和业主委员会,对业主损害他人合法权益和业主共同利益的行为,有权依照法律、法规以及管理规约,要求停止侵害、消除危险、排除妨害、赔偿损失。

**第六条** 物业所在地的区、县房地产行政主管部门和街道办事处、乡镇人民政府负责对设立业主大会和选举业主委员会给予指导和协助,负责对业主大会和业主委员会的日常活动进行指导和监督。

## 第二章 业 主 大 会

**第七条** 业主大会根据物业管理区域的划分成立,一个物业管理区域成立一个业主大会。

只有一个业主的,或者业主人数较少且经全体业主同意,不成立业主大会的,由业主共同履行业主大会、业主委员会职责。

**第八条** 物业管理区域内,已交付的专有部分面积超过建筑物总面积50%时,建设单位应当按照物业所在地的区、县房地产行政主管部门或者街道办事处、乡镇人民政府的要求,及时报送下列筹备首次业主大会会议所需的文件资料:

(一)物业管理区域证明;

(二)房屋及建筑物面积清册;

(三)业主名册;

(四)建筑规划总平面图;

(五)交付使用共用设施设备的证明;

(六)物业服务用房配置证明;

(七)其他有关的文件资料。

**第九条** 符合成立业主大会条件的,区、县房地产行政主管部门或者街道办事处、乡镇人民政府应当在收到业主提出筹备业主大会书面申请后60日内,负责组织、指导成立首次业主大会会议筹备组。

**第十条** 首次业主大会会议筹备组由业主代表、建设单位代表、街道办事处、乡镇人民政府代表和居民委员会代表组成。筹备组成员人数应为单数，其中业主代表人数不低于筹备组总人数的一半，筹备组组长由街道办事处、乡镇人民政府代表担任。

**第十一条** 筹备组中业主代表的产生，由街道办事处、乡镇人民政府或者居民委员会组织业主推荐。

筹备组应当将成员名单以书面形式在物业管理区域内公告。业主对筹备组成员有异议的，由街道办事处、乡镇人民政府协调解决。

建设单位和物业服务企业应当配合协助筹备组开展工作。

**第十二条** 筹备组应当做好以下筹备工作：

（一）确认并公示业主身份、业主人数以及所拥有的专有部分面积；

（二）确定首次业主大会会议召开的时间、地点、形式和内容；

（三）草拟管理规约、业主大会议事规则；

（四）依法确定首次业主大会会议表决规则；

（五）制定业主委员会委员候选人产生办法，确定业主委员会委员候选人名单；

（六）制定业主委员会选举办法；

（七）完成召开首次业主大会会议的其他准备工作。

前款内容应当在首次业主大会会议召开15日前以书面形式在物业管理区域内公告。业主对公告内容有异议的，筹备组应当记录并作出答复。

**第十三条** 依法登记取得或者根据物权法第二章第三节规定取得建筑物专有部分所有权的人，应当认定为业主。

基于房屋买卖等民事法律行为，已经合法占有建筑物专有部分，但尚未依法办理所有权登记的人，可以认定为业主。

业主的投票权数由专有部分面积和业主人数确定。

**第十四条** 业主委员会委员候选人由业主推荐或者自荐。筹备组应当核查参选人的资格，根据物业规模、物权份额、委员的代表性和广泛性等因素，确定业主委员会委员候选人名单。

**第十五条** 筹备组应当自组成之日起90日内完成筹备工作，组织召开首次业主大会会议。

业主大会自首次业主大会会议表决通过管理规约、业主大会议事规则，并选举产生业主委员会之日起成立。

第十六条　划分为一个物业管理区域的分期开发的建设项目，先期开发部分符合条件的，可以成立业主大会，选举产生业主委员会。首次业主大会会议应当根据分期开发的物业面积和进度等因素，在业主大会议事规则中明确增补业主委员会委员的办法。

第十七条　业主大会决定以下事项：

（一）制定和修改业主大会议事规则；

（二）制定和修改管理规约；

（三）选举业主委员会或者更换业主委员会委员；

（四）制定物业服务内容、标准以及物业服务收费方案；

（五）选聘和解聘物业服务企业；

（六）筹集和使用专项维修资金；

（七）改建、重建建筑物及其附属设施；

（八）改变共有部分的用途；

（九）利用共有部分进行经营以及所得收益的分配与使用；

（十）法律法规或者管理规约确定应由业主共同决定的事项。

第十八条　管理规约应当对下列主要事项作出规定：

（一）物业的使用、维护、管理；

（二）专项维修资金的筹集、管理和使用；

（三）物业共用部分的经营与收益分配；

（四）业主共同利益的维护；

（五）业主共同管理权的行使；

（六）业主应尽的义务；

（七）违反管理规约应当承担的责任。

第十九条　业主大会议事规则应当对下列主要事项作出规定：

（一）业主大会名称及相应的物业管理区域；

（二）业主委员会的职责；

（三）业主委员会议事规则；

（四）业主大会会议召开的形式、时间和议事方式；

（五）业主投票权数的确定方法；

（六）业主代表的产生方式；

（七）业主大会会议的表决程序；

（八）业主委员会委员的资格、人数和任期等；

（九）业主委员会换届程序、补选办法等；

（十）业主大会、业主委员会工作经费的筹集、使用和管理；

（十一）业主大会、业主委员会印章的使用和管理。

**第二十条** 业主拒付物业服务费，不缴存专项维修资金以及实施其他损害业主共同权益行为的，业主大会可以在管理规约和业主大会议事规则中对其共同管理权的行使予以限制。

**第二十一条** 业主大会会议分为定期会议和临时会议。

业主大会定期会议应当按照业主大会议事规则的规定由业主委员会组织召开。

有下列情况之一的，业主委员会应当及时组织召开业主大会临时会议：

（一）经专有部分占建筑物总面积20%以上且占总人数20%以上业主提议的；

（二）发生重大事故或者紧急事件需要及时处理的；

（三）业主大会议事规则或者管理规约规定的其他情况。

**第二十二条** 业主大会会议可以采用集体讨论的形式，也可以采用书面征求意见的形式；但应当有物业管理区域内专有部分占建筑物总面积过半数的业主且占总人数过半数的业主参加。

采用书面征求意见形式的，应当将征求意见书送交每一位业主；无法送达的，应当在物业管理区域内公告。凡需投票表决的，表决意见应由业主本人签名。

**第二十三条** 业主大会确定业主投票权数，可以按照下列方法认定专有部分面积和建筑物总面积：

（一）专有部分面积按照不动产登记簿记载的面积计算；尚未进行登记的，暂按测绘机构的实测面积计算；尚未进行实测的，暂按房屋买卖合同记载的面积计算；

（二）建筑物总面积，按照前项的统计总和计算。

**第二十四条** 业主大会确定业主投票权数,可以按照下列方法认定业主人数和总人数:

(一)业主人数,按照专有部分的数量计算,一个专有部分按一人计算。但建设单位尚未出售和虽已出售但尚未交付的部分,以及同一买受人拥有一个以上专有部分的,按一人计算;

(二)总人数,按照前项的统计总和计算。

**第二十五条** 业主大会应当在业主大会议事规则中约定车位、摊位等特定空间是否计入用于确定业主投票权数的专有部分面积。

一个专有部分有两个以上所有权人的,应当推选一人行使表决权,但共有人所代表的业主人数为一人。

业主为无民事行为能力人或者限制民事行为能力人的,由其法定监护人行使投票权。

**第二十六条** 业主因故不能参加业主大会会议的,可以书面委托代理人参加业主大会会议。

未参与表决的业主,其投票权数是否可以计入已表决的多数票,由管理规约或者业主大会议事规则规定。

**第二十七条** 物业管理区域内业主人数较多的,可以幢、单元、楼层为单位,推选一名业主代表参加业主大会会议,推选及表决办法应当在业主大会议事规则中规定。

**第二十八条** 业主可以书面委托的形式,约定由其推选的业主代表在一定期限内代其行使共同管理权,具体委托内容、期限、权限和程序由业主大会议事规则规定。

**第二十九条** 业主大会会议决定筹集和使用专项维修资金以及改造、重建建筑物及其附属设施的,应当经专有部分占建筑物总面积三分之二以上的业主且占总人数三分之二以上的业主同意;决定本规则第十七条规定的其他共有和共同管理权利事项的,应当经专有部分占建筑物总面积过半数且占总人数过半数的业主同意。

**第三十条** 业主大会会议应当由业主委员会作出书面记录并存档。

业主大会的决定应当以书面形式在物业管理区域内及时公告。

## 第三章 业主委员会

**第三十一条** 业主委员会由业主大会会议选举产生,由 5 至 11 人单数组成。业主委员会委员应当是物业管理区域内的业主,并符合下列条件:
(一)具有完全民事行为能力;
(二)遵守国家有关法律、法规;
(三)遵守业主大会议事规则、管理规约,模范履行业主义务;
(四)热心公益事业,责任心强,公正廉洁;
(五)具有一定的组织能力;
(六)具备必要的工作时间。

**第三十二条** 业主委员会委员实行任期制,每届任期不超过 5 年,可连选连任,业主委员会委员具有同等表决权。

业主委员会应当自选举之日起 7 日内召开首次会议,推选业主委员会主任和副主任。

**第三十三条** 业主委员会应当自选举产生之日起 30 日内,持下列文件向物业所在地的区、县房地产行政主管部门和街道办事处、乡镇人民政府办理备案手续:
(一)业主大会成立和业主委员会选举的情况;
(二)管理规约;
(三)业主大会议事规则;
(四)业主大会决定的其他重大事项。

**第三十四条** 业主委员会办理备案手续后,可持备案证明向公安机关申请刻制业主大会印章和业主委员会印章。

业主委员会任期内,备案内容发生变更的,业主委员会应当自变更之日起 30 日内将变更内容书面报告备案部门。

**第三十五条** 业主委员会履行以下职责:
(一)执行业主大会的决定和决议;
(二)召集业主大会会议,报告物业管理实施情况;
(三)与业主大会选聘的物业服务企业签订物业服务合同;

(四)及时了解业主、物业使用人的意见和建议,监督和协助物业服务企业履行物业服务合同;

(五)监督管理规约的实施;

(六)督促业主交纳物业服务费及其他相关费用;

(七)组织和监督专项维修资金的筹集和使用;

(八)调解业主之间因物业使用、维护和管理产生的纠纷;

(九)业主大会赋予的其他职责。

**第三十六条** 业主委员会应当向业主公布下列情况和资料:

(一)管理规约、业主大会议事规则;

(二)业主大会和业主委员会的决定;

(三)物业服务合同;

(四)专项维修资金的筹集、使用情况;

(五)物业共有部分的使用和收益情况;

(六)占用业主共有的道路或者其他场地用于停放汽车车位的处分情况;

(七)业主大会和业主委员会工作经费的收支情况;

(八)其他应当向业主公开的情况和资料。

**第三十七条** 业主委员会应当按照业主大会议事规则的规定及业主大会的决定召开会议。经三分之一以上业主委员会委员的提议,应当在7日内召开业主委员会会议。

**第三十八条** 业主委员会会议由主任召集和主持,主任因故不能履行职责,可以委托副主任召集。

业主委员会会议应有过半数的委员出席,作出的决定必须经全体委员半数以上同意。

业主委员会委员不能委托代理人参加会议。

**第三十九条** 业主委员会应当于会议召开7日前,在物业管理区域内公告业主委员会会议的内容和议程,听取业主的意见和建议。

业主委员会会议应当制作书面记录并存档,业主委员会会议作出的决定,应当有参会委员的签字确认,并自作出决定之日起3日内在物业管理区域内公告。

**第四十条** 业主委员会应当建立工作档案,工作档案包括以下主要内容：

（一）业主大会、业主委员会的会议记录；

（二）业主大会、业主委员会的决定；

（三）业主大会议事规则、管理规约和物业服务合同；

（四）业主委员会选举及备案资料；

（五）专项维修资金筹集及使用账目；

（六）业主及业主代表的名册；

（七）业主的意见和建议。

第四十一条　业主委员会应当建立印章管理规定，并指定专人保管印章。

使用业主大会印章，应当根据业主大会议事规则的规定或者业主大会会议的决定；使用业主委员会印章，应当根据业主委员会会议的决定。

第四十二条　业主大会、业主委员会工作经费由全体业主承担。工作经费可以由业主分摊，也可以从物业共有部分经营所得收益中列支。工作经费的收支情况，应当定期在物业管理区域内公告，接受业主监督。

工作经费筹集、管理和使用的具体办法由业主大会决定。

第四十三条　有下列情况之一的，业主委员会委员资格自行终止：

（一）因物业转让、灭失等原因不再是业主的；

（二）丧失民事行为能力的；

（三）依法被限制人身自由的；

（四）法律、法规以及管理规约规定的其他情形。

第四十四条　业主委员会委员有下列情况之一的，由业主委员会三分之一以上委员或者持有20%以上投票权数的业主提议，业主大会或者业主委员会根据业主大会的授权，可以决定是否终止其委员资格：

（一）以书面方式提出辞职请求的；

（二）不履行委员职责的；

（三）利用委员资格谋取私利的；

（四）拒不履行业主义务的；

（五）侵害他人合法权益的；

（六）因其他原因不宜担任业主委员会委员的。

第四十五条 业主委员会委员资格终止的,应当自终止之日起3日内将其保管的档案资料、印章及其他属于全体业主所有的财物移交业主委员会。

第四十六条 业主委员会任期内,委员出现空缺时,应当及时补足。业主委员会委员候补办法由业主大会决定或者在业主大会议事规则中规定。业主委员会委员人数不足总数的二分之一时,应当召开业主大会临时会议,重新选举业主委员会。

第四十七条 业主委员会任期届满前3个月,应当组织召开业主大会会议,进行换届选举,并报告物业所在地的区、县房地产行政主管部门和街道办事处、乡镇人民政府。

第四十八条 业主委员会应当自任期届满之日起10日内,将其保管的档案资料、印章及其他属于业主大会所有的财物移交新一届业主委员会。

## 第四章 指导和监督

第四十九条 物业所在地的区、县房地产行政主管部门和街道办事处、乡镇人民政府应当积极开展物业管理政策法规的宣传和教育活动,及时处理业主、业主委员会在物业管理活动中的投诉。

第五十条 已交付使用的专有部分面积超过建筑物总面积50%,建设单位未按要求报送筹备首次业主大会会议相关文件资料的,物业所在地的区、县房地产行政主管部门或者街道办事处、乡镇人民政府有权责令建设单位限期改正。

第五十一条 业主委员会未按业主大会议事规则的规定组织召开业主大会定期会议,或者发生应当召开业主大会临时会议的情况,业主委员会不履行组织召开会议职责的,物业所在地的区、县房地产行政主管部门或者街道办事处、乡镇人民政府可以责令业主委员会限期召开;逾期仍不召开的,可以由物业所在地的居民委员会在街道办事处、乡镇人民政府的指导和监督下组织召开。

第五十二条 按照业主大会议事规则的规定或者三分之一以上委员提议,应当召开业主委员会会议的,业主委员会主任、副主任无正当理由不召集业主委员会会议的,物业所在地的区、县房地产行政主管部门或者街道办事处、乡镇人民政府可以指定业主委员会其他委员召集业主委员会会议。

**第五十三条** 召开业主大会会议,物业所在地的区、县房地产行政主管部门和街道办事处、乡镇人民政府应当给予指导和协助。

**第五十四条** 召开业主委员会会议,应当告知相关的居民委员会,并听取居民委员会的建议。

在物业管理区域内,业主大会、业主委员会应当积极配合相关居民委员会依法履行自治管理职责,支持居民委员会开展工作,并接受其指导和监督。

**第五十五条** 违反业主大会议事规则或者未经业主大会会议和业主委员会会议的决定,擅自使用业主大会印章、业主委员会印章的,物业所在地的街道办事处、乡镇人民政府应当责令限期改正,并通告全体业主;造成经济损失或者不良影响的,应当依法追究责任人的法律责任。

**第五十六条** 业主委员会委员资格终止,拒不移交所保管的档案资料、印章及其他属于全体业主所有的财物的,其他业主委员会委员可以请求物业所在地的公安机关协助移交。

业主委员会任期届满后,拒不移交所保管的档案资料、印章及其他属于全体业主所有的财物的,新一届业主委员会可以请求物业所在地的公安机关协助移交。

**第五十七条** 业主委员会在规定时间内不组织换届选举的,物业所在地的区、县房地产行政主管部门或者街道办事处、乡镇人民政府应当责令其限期组织换届选举;逾期仍不组织的,可以由物业所在地的居民委员会在街道办事处、乡镇人民政府的指导和监督下,组织换届选举工作。

**第五十八条** 因客观原因未能选举产生业主委员会或者业主委员会委员人数不足总数的二分之一的,新一届业主委员会产生之前,可以由物业所在地的居民委员会在街道办事处、乡镇人民政府的指导和监督下,代行业主委员会的职责。

**第五十九条** 业主大会、业主委员会作出的决定违反法律法规的,物业所在地的区、县房地产行政主管部门和街道办事处、乡镇人民政府应当责令限期改正或者撤销其决定,并通告全体业主。

第六十条 业主不得擅自以业主大会或者业主委员会的名义从事活动。业主以业主大会或者业主委员会的名义,从事违反法律、法规的活动,构成犯罪的,依法追究刑事责任;尚不构成犯罪的,依法给予治安管理处罚。

第六十一条 物业管理区域内,可以召开物业管理联席会议。物业管理联席会议由街道办事处、乡镇人民政府负责召集,由区、县房地产行政主管部门、公安派出所、居民委员会、业主委员会和物业服务企业等方面的代表参加,共同协调解决物业管理中遇到的问题。

## 第五章 附 则

第六十二条 业主自行管理或者委托其他管理人管理物业,成立业主大会,选举业主委员会的,可参照执行本规则。

第六十三条 物业所在地的区、县房地产行政主管部门与街道办事处、乡镇人民政府在指导、监督业主大会和业主委员会工作中的具体职责分工,按各省、自治区、直辖市人民政府有关规定执行。

第六十四条 本规则自 2010 年 1 月 1 日起施行。《业主大会规程》(建住房〔2003〕131 号)同时废止。

# 物业服务收费管理办法

(2003 年 11 月 13 日国家发展和改革委员会、建设部发布
发改价格〔2003〕1864 号)

第一条 为规范物业服务收费行为,保障业主和物业管理企业的合法权益,根据《中华人民共和国价格法》和《物业管理条例》,制定本办法。

**第二条** 本办法所称物业服务收费,是指物业管理企业按照物业服务合同的约定,对房屋及配套的设施设备和相关场地进行维修、养护、管理,维护相关区域内的环境卫生和秩序,向业主所收取的费用。

**第三条** 国家提倡业主通过公开、公平、公正的市场竞争机制选择物业管理企业;鼓励物业管理企业开展正当的价格竞争,禁止价格欺诈,促进物业服务收费通过市场竞争形成。

**第四条** 国务院价格主管部门会同国务院建设行政主管部门负责全国物业服务收费的监督管理工作。

县级以上地方人民政府价格主管部门会同同级房地产行政主管部门负责本行政区域内物业服务收费的监督管理工作。

**第五条** 物业服务收费应当遵循合理、公开以及费用与服务水平相适应的原则。

**第六条** 物业服务收费应当区分不同物业的性质和特点分别实行政府指导价和市场调节价。具体定价形式由省、自治区、直辖市人民政府价格主管部门会同房地产行政主管部门确定。

**第七条** 物业服务收费实行政府指导价的,有定价权限的人民政府价格主管部门应当会同房地产行政主管部门根据物业管理服务等级标准等因素,制定相应的基准价及其浮动幅度,并定期公布。具体收费标准由业主与物业管理企业根据规定的基准价和浮动幅度在物业服务合同中约定。

实行市场调节价的物业服务收费,由业主与物业管理企业在物业服务合同中约定。

**第八条** 物业管理企业应当按照政府价格主管部门的规定实行明码标价,在物业管理区域内的显著位置,将服务内容、服务标准以及收费项目、收费标准等有关情况进行公示。

**第九条** 业主与物业管理企业可以采取包干制或者酬金制等形式约定物业服务费用。

包干制是指由业主向物业管理企业支付固定物业服务费用,盈余或者亏损均由物业管理企业享有或者承担的物业服务计费方式。

酬金制是指在预收的物业服务资金中按约定比例或者约定数额提取酬金支付给物业管理企业,其余全部用于物业服务合同约定的支出,结余或者不足均由业主享有或者承担的物业服务计费方式。

**第十条** 建设单位与物业买受人签订的买卖合同,应当约定物业管理服务内容、服务标准、收费标准、计费方式及计费起始时间等内容,涉及物业买受人共同利益的约定应当一致。

**第十一条** 实行物业服务费用包干制的,物业服务费用的构成包括物业服务成本、法定税费和物业管理企业的利润。

实行物业服务费用酬金制的,预收的物业服务资金包括物业服务支出和物业管理企业的酬金。

物业服务成本或者物业服务支出构成一般包括以下部分:

1. 管理服务人员的工资、社会保险和按规定提取的福利费等;
2. 物业共用部位、共用设施设备的日常运行、维护费用;
3. 物业管理区域清洁卫生费用;
4. 物业管理区域绿化养护费用;
5. 物业管理区域秩序维护费用;
6. 办公费用;
7. 物业管理企业固定资产折旧;
8. 物业共用部位、共用设施设备及公众责任保险费用;
9. 经业主同意的其他费用。

物业共用部位、共用设施设备的大修、中修和更新、改造费用,应当通过专项维修资金予以列支,不得计入物业服务支出或者物业服务成本。

**第十二条** 实行物业服务费用酬金制的,预收的物业服务支出属于代管性质,为所交纳的业主所有,物业管理企业不得将其用于物业服务合同约定以外的支出。

物业管理企业应当向业主大会或者全体业主公布物业服务资金年度预决算并每年不少于一次公布物业服务资金的收支情况。

业主或者业主大会对公布的物业服务资金年度预决算和物业服务资金的收支情况提出质询时,物业管理企业应当及时答复。

**第十三条** 物业服务收费采取酬金制方式,物业管理企业或者业主大会可以按照物业服务合同约定聘请专业机构对物业服务资金年度预决算和物业服务资金的收支情况进行审计。

**第十四条** 物业管理企业在物业服务中应当遵守国家的价格法律法规,严格履行物业服务合同,为业主提供质价相符的服务。

**第十五条** 业主应当按照物业服务合同的约定按时足额交纳物业服务费用或者物业服务资金。业主违反物业服务合同约定逾期不交纳服务费用或者物业服务资金的,业主委员会应当督促其限期交纳;逾期仍不交纳的,物业管理企业可以依法追缴。

业主与物业使用人约定由物业使用人交纳物业服务费用或者物业服务资金的,从其约定,业主负连带交纳责任。

物业发生产权转移时,业主或者物业使用人应当结清物业服务费用或者物业服务资金。

**第十六条** 纳入物业管理范围的已竣工但尚未出售,或者因开发建设单位原因未按时交给物业买受人的物业,物业服务费用或者物业服务资金由开发建设单位全额交纳。

**第十七条** 物业管理区域内,供水、供电、供气、供热、通讯、有线电视等单位应当向最终用户收取有关费用。物业管理企业接受委托代收上述费用的,可向委托单位收取手续费,不得向业主收取手续费等额外费用。

**第十八条** 利用物业共用部位、共用设施设备进行经营的,应当在征得相关业主、业主大会、物业管理企业的同意后,按照规定办理有关手续。业主所得收益应当主要用于补充专项维修资金,也可以按照业主大会的决定使用。

**第十九条** 物业管理企业已接受委托实施物业服务并相应收取服务费用的,其他部门和单位不得重复收取性质和内容相同的费用。

**第二十条** 物业管理企业根据业主的委托提供物业服务合同约定以外的服务,服务收费由双方约定。

**第二十一条** 政府价格主管部门会同房地产行政主管部门,应当加强对物业管理企业的服务内容、标准和收费项目、标准的监督。物业管理企业违反价格法律、法规和规定,由政府价格主管部门依据《中华人民共和国价格法》和《价格违法行为行政处罚规定》予以处罚。

**第二十二条** 各省、自治区、直辖市人民政府价格主管部门、房地产行政主管部门可以依据本办法制定具体实施办法,并报国家发展和改革委员会、建设部备案。

**第二十三条** 本办法由国家发展和改革委员会会同建设部负责解释。

**第二十四条** 本办法自2004年1月1日起执行,原国家计委、建设部印发的《城市住宅小区物业管理服务收费暂行办法》(计价费〔1996〕266号)同时废止。

# 物业服务收费明码标价规定

(2004年7月19日国家发展和改革委员会、建设部发布
发改价检〔2004〕1428号 自2004年10月1日起施行)

**第一条** 为进一步规范物业服务收费行为,提高物业服务收费透明度,维护业主和物业管理企业的合法权益,促进物业管理行业的健康发展,根据《中华人民共和国价格法》、《物业管理条例》和《关于商品和服务实行明码标价的规定》,制定本规定。

**第二条** 物业管理企业向业主提供服务(包括按照物业服务合同约定提供物业服务以及根据业主委托提供物业服务合同约定以外的服务),应当按照本规定实行明码标价,标明服务项目、收费标准等有关情况。

**第三条** 物业管理企业实行明码标价,应当遵循公开、公平和诚实信用的原则,遵守国家价格法律、法规、规章和政策。

**第四条** 政府价格主管部门应当会同同级房地产主管部门对物业服务收费明码标价进行管理。政府价格主管部门对物业管理企业执行明码标价规定的情况实施监督检查。

**第五条** 物业管理企业实行明码标价应当做到价目齐全,内容真实,标

示醒目,字迹清晰。

**第六条** 物业服务收费明码标价的内容包括:物业管理企业名称、收费对象、服务内容、服务标准、计费方式、计费起始时间、收费项目、收费标准、价格管理形式、收费依据、价格举报电话12358等。

实行政府指导价的物业服务收费应当同时标明基准收费标准、浮动幅度,以及实际收费标准。

**第七条** 物业管理企业在其服务区域内的显著位置或收费地点,可采取公示栏、公示牌、收费表、收费清单、收费手册、多媒体终端查询等方式实行明码标价。

**第八条** 物业管理企业接受委托代收供水、供电、供气、供热、通讯、有线电视等有关费用的,也应当依照本规定第六条、第七条的有关内容和方式实行明码标价。

**第九条** 物业管理企业根据业主委托提供的物业服务合同约定以外的服务项目,其收费标准在双方约定后应当以适当的方式向业主进行明示。

**第十条** 实行明码标价的物业服务收费的标准等发生变化时,物业管理企业应当在执行新标准前一个月,将所标示的相关内容进行调整,并应标示新标准开始实行的日期。

**第十一条** 物业管理企业不得利用虚假的或者使人误解的标价内容、标价方式进行价格欺诈。不得在标价之外,收取任何未予标明的费用。

**第十二条** 对物业管理企业不按规定明码标价或者利用标价进行价格欺诈的行为,由政府价格主管部门依照《中华人民共和国价格法》、《价格违法行为行政处罚规定》、《关于商品和服务实行明码标价的规定》、《禁止价格欺诈行为的规定》进行处罚。

**第十三条** 本规定自2004年10月1日起施行。

# 前期物业管理招标投标管理暂行办法

(2003年6月26日建设部发布　建住房〔2003〕130号
自2003年9月1日起施行)

## 第一章　总　　则

**第一条**　为了规范前期物业管理招标投标活动,保护招标投标当事人的合法权益,促进物业管理市场的公平竞争,制定本办法。

**第二条**　前期物业管理,是指在业主、业主大会选聘物业管理企业之前,由建设单位选聘物业管理企业实施的物业管理。

建设单位通过招投标的方式选聘具有相应资质的物业管理企业和行政主管部门对物业管理招投标活动实施监督管理,适用本办法。

**第三条**　住宅及同一物业管理区域内非住宅的建设单位,应当通过招投标的方式选聘具有相应资质的物业管理企业;投标人少于3个或者住宅规模较小的,经物业所在地的区、县人民政府房地产行政主管部门批准,可以采用协议方式选聘具有相应资质的物业管理企业。

国家提倡其他物业的建设单位通过招投标的方式,选聘具有相应资质的物业管理企业。

**第四条**　前期物业管理招标投标应当遵循公开、公平、公正和诚实信用的原则。

**第五条**　国务院建设行政主管部门负责全国物业管理招标投标活动的监督管理。

省、自治区人民政府建设行政主管部门负责本行政区域内物业管理招标投标活动的监督管理。

直辖市、市、县人民政府房地产行政主管部门负责本行政区域内物业管理招标投标活动的监督管理。

**第六条** 任何单位和个人不得违反法律、行政法规规定,限制或者排斥具备投标资格的物业管理企业参加投标,不得以任何方式非法干涉物业管理招标投标活动。

## 第二章 招 标

**第七条** 本办法所称招标人是指依法进行前期物业管理招标的物业建设单位。

前期物业管理招标由招标人依法组织实施。招标人不得以不合理条件限制或者排斥潜在投标人,不得对潜在投标人实行歧视待遇,不得对潜在投标人提出与招标物业管理项目实际要求不符的过高的资格等要求。

**第八条** 前期物业管理招标分为公开招标和邀请招标。

招标人采取公开招标方式的,应当在公共媒介上发布招标公告,并同时在中国住宅与房地产信息网和中国物业管理协会网上发布免费招标公告。

招标公告应当载明招标人的名称和地址,招标项目的基本情况以及获取招标文件的办法等事项。

招标人采取邀请招标方式的,应当向3个以上物业管理企业发出投标邀请书,投标邀请书应当包含前款规定的事项。

**第九条** 招标人可以委托招标代理机构办理招标事宜;有能力组织和实施招标活动的,也可以自行组织实施招标活动。

物业管理招标代理机构应当在招标人委托的范围内办理招标事宜,并遵守本办法对招标人的有关规定。

**第十条** 招标人应当根据物业管理项目的特点和需要,在招标前完成招标文件的编制。

招标文件应包括以下内容:

(一)招标人及招标项目简介,包括招标人名称、地址、联系方式、项目基本情况、物业管理用房的配备情况等;

（二）物业管理服务内容及要求，包括服务内容、服务标准等；

（三）对投标人及投标书的要求，包括投标人的资格、投标书的格式、主要内容等；

（四）评标标准和评标方法；

（五）招标活动方案，包括招标组织机构、开标时间及地点等；

（六）物业服务合同的签订说明；

（七）其他事项的说明及法律法规规定的其他内容。

**第十一条** 招标人应当在发布招标公告或者发出投标邀请书的 10 日前，提交以下材料报物业项目所在地的县级以上地方人民政府房地产行政主管部门备案：

（一）与物业管理有关的物业项目开发建设的政府批件；

（二）招标公告或者招标邀请书；

（三）招标文件；

（四）法律、法规规定的其他材料。

房地产行政主管部门发现招标有违反法律、法规规定的，应当及时责令招标人改正。

**第十二条** 公开招标的招标人可以根据招标文件的规定，对投标申请人进行资格预审。

实行投标资格预审的物业管理项目，招标人应当在招标公告或者投标邀请书中载明资格预审的条件和获取资格预审文件的办法。

资格预审文件一般应当包括资格预审申请书格式、申请人须知，以及需要投标申请人提供的企业资格文件、业绩、技术装备、财务状况和拟派出的项目负责人与主要管理人员的简历、业绩等证明材料。

**第十三条** 经资格预审后，公开招标的招标人应当向资格预审合格的投标申请人发出资格预审合格通知书，告知获取招标文件的时间、地点和方法，并同时向资格不合格的投标申请人告知资格预审结果。

在资格预审合格的投标申请人过多时，可以由招标人从中选择不少于 5 家资格预审合格的投标申请人。

**第十四条** 招标人应当确定投标人编制投标文件所需要的合理时间。公开招标的物业管理项目，自招标文件发出之日起至投标人提交投标文件截止之日止，最短不得少于 20 日。

**第十五条** 招标人对已发出的招标文件进行必要的澄清或者修改的，应当在招标文件要求提交投标文件截止时间至少 15 日前，以书面形式通知所有的招标文件收受人。该澄清或者修改的内容为招标文件的组成部分。

**第十六条** 招标人根据物业管理项目的具体情况，可以组织潜在的投标申请人踏勘物业项目现场，并提供隐蔽工程图纸等详细资料。对投标申请人提出的疑问应当予以澄清并以书面形式发送给所有的招标文件收受人。

**第十七条** 招标人不得向他人透露已获取招标文件的潜在投标人的名称、数量以及可能影响公平竞争的有关招标投标的其他情况。

招标人设有标底的，标底必须保密。

**第十八条** 在确定中标人前，招标人不得与投标人就投标价格、投标方案等实质内容进行谈判。

**第十九条** 通过招标投标方式选择物业管理企业的，招标人应当按照以下规定时限完成物业管理招标投标工作：

（一）新建现售商品房项目应当在现售前 30 日完成；

（二）预售商品房项目应当在取得《商品房预售许可证》之前完成；

（三）非出售的新建物业项目应当在交付使用前 90 日完成。

## 第三章　投　　标

**第二十条** 本办法所称投标人是指响应前期物业管理招标、参与投标竞争的物业管理企业。

投标人应当具有相应的物业管理企业资质和招标文件要求的其他条件。

**第二十一条** 投标人对招标文件有疑问需要澄清的，应当以书面形式向招标人提出。

**第二十二条** 投标人应当按照招标文件的内容和要求编制投标文件，投标文件应当对招标文件提出的实质性要求和条件作出响应。

投标文件应当包括以下内容：

（一）投标函；
（二）投标报价；
（三）物业管理方案；
（四）招标文件要求提供的其他材料。

第二十三条 投标人应当在招标文件要求提交投标文件的截止时间前,将投标文件密封送达投标地点。招标人收到投标文件后,应当向投标人出具标明签收人和签收时间的凭证,并妥善保存投标文件。在开标前,任何单位和个人均不得开启投标文件。在招标文件要求提交投标文件的截止时间后送达的投标文件,为无效的投标文件,招标人应当拒收。

第二十四条 投标人在招标文件要求提交投标文件的截止时间前,可以补充、修改或者撤回已提交的投标文件,并书面通知招标人。补充、修改的内容为投标文件的组成部分,并应当按照本办法第二十三条的规定送达、签收和保管。在招标文件要求提交投标文件的截止时间后送达的补充或者修改的内容无效。

第二十五条 投标人不得以他人名义投标或者以其他方式弄虚作假,骗取中标。

投标人不得相互串通投标,不得排挤其他投标人的公平竞争,不得损害招标人或者其他投标人的合法权益。

投标人不得与招标人串通投标,损害国家利益、社会公共利益或者他人的合法权益。

禁止投标人以向招标人或者评标委员会成员行贿等不正当手段谋取中标。

## 第四章　开标、评标和中标

第二十六条 开标应当在招标文件确定的提交投标文件截止时间的同一时间公开进行;开标地点应当为招标文件中预先确定的地点。

第二十七条 开标由招标人主持,邀请所有投标人参加。开标应当按照下列规定进行:

由投标人或者其推选的代表检查投标文件的密封情况,也可以由招标人委托的公证机构进行检查并公证。经确认无误后,由工作人员当众拆封,宣读投标人名称、投标价格和投标文件的其他主要内容。

招标人在招标文件要求提交投标文件的截止时间前收到的所有投标文件,开标时都应当当众予以拆封。

开标过程应当记录,并由招标人存档备查。

**第二十八条** 评标由招标人依法组建的评标委员会负责。

评标委员会由招标人代表和物业管理方面的专家组成,成员为5人以上单数,其中招标人代表以外的物业管理方面的专家不得少于成员总数的三分之二。

评标委员会的专家成员,应当由招标人从房地产行政主管部门建立的专家名册中采取随机抽取的方式确定。

与投标人有利害关系的人不得进入相关项目的评标委员会。

**第二十九条** 房地产行政主管部门应当建立评标的专家名册。省、自治区、直辖市人民政府房地产行政主管部门可以将专家数量少的城市的专家名册予以合并或者实行专家名册计算机联网。

房地产行政主管部门应当对进入专家名册的专家进行有关法律和业务培训,对其评标能力、廉洁公正等进行综合考评,及时取消不称职或者违法违规人员的评标专家资格。被取消评标专家资格的人员,不得再参加任何评标活动。

**第三十条** 评标委员会成员应当认真、公正、诚实、廉洁地履行职责。

评标委员会成员不得与任何投标人或者与招标结果有利害关系的人进行私下接触,不得收受投标人、中介人、其他利害关系人的财物或者其他好处。

评标委员会成员和与评标活动有关的工作人员不得透露对投标文件的评审和比较、中标候选人的推荐情况以及与评标有关的其他情况。

前款所称与评标活动有关的工作人员,是指评标委员会成员以外的因参与评标监督工作或者事务性工作而知悉有关评标情况的所有人员。

**第三十一条** 评标委员会可以用书面形式要求投标人对投标文件中含义不明确的内容作必要的澄清或者说明。投标人应当采用书面形式进行澄清或者说明,其澄清或者说明不得超出投标文件的范围或者改变投标文件的实质性内容。

第三十二条 在评标过程中召开现场答辩会的,应当事先在招标文件中说明,并注明所占的评分比重。

评标委员会应当按照招标文件的评标要求,根据标书评分、现场答辩等情况进行综合评标。

除了现场答辩部分外,评标应当在保密的情况下进行。

第三十三条 评标委员会应当按照招标文件确定的评标标准和方法,对投标文件进行评审和比较,并对评标结果签字确认。

第三十四条 评标委员会经评审,认为所有投标文件都不符合招标文件要求的,可以否决所有投标。

依法必须进行招标的物业管理项目的所有投标被否决的,招标人应当重新招标。

第三十五条 评标委员会完成评标后,应当向招标人提出书面评标报告,阐明评标委员会对各投标文件的评审和比较意见,并按照招标文件规定的评标标准和评标方法,推荐不超过3名有排序的合格的中标候选人。

招标人应当按照中标候选人的排序确定中标人。当确定中标的中标候选人放弃中标或者因不可抗力提出不能履行合同的,招标人可以依序确定其他中标候选人为中标人。

第三十六条 招标人应当在投标有效期截止时限30日前确定中标人。投标有效期应当在招标文件中载明。

第三十七条 招标人应当向中标人发出中标通知书,同时将中标结果通知所有未中标的投标人,并应当返还其投标书。

招标人应当自确定中标人之日起15日内,向物业项目所在地的县级以上地方人民政府房地产行政主管部门备案。备案资料应当包括开标评标过程、确定中标人的方式及理由、评标委员会的评标报告、中标人的投标文件等资料。委托代理招标的,还应当附招标代理委托合同。

第三十八条 招标人和中标人应当自中标通知书发出之日起30日内,按照招标文件和中标人的投标文件订立书面合同;招标人和中标人不得再行订立背离合同实质性内容的其他协议。

第三十九条 招标人无正当理由不与中标人签订合同,给中标人造成损失的,招标人应当给予赔偿。

## 第五章 附　　则

**第四十条**　投标人和其他利害关系人认为招标投标活动不符合本办法有关规定的，有权向招标人提出异议，或者依法向有关部门投诉。

**第四十一条**　招标文件或者投标文件使用两种以上语言文字的，必须有一种是中文；如对不同文本的解释发生异议的，以中文文本为准。用文字表示的数额与数字表示的金额不一致的，以文字表示的金额为准。

**第四十二条**　本办法第三条规定住宅规模较小的，经物业所在地的区、县人民政府房地产行政主管部门批准，可以采用协议方式选聘物业管理企业的，其规模标准由省、自治区、直辖市人民政府房地产行政主管部门确定。

**第四十三条**　业主和业主大会通过招投标的方式选聘具有相应资质的物业管理企业的，参照本办法执行。

**第四十四条**　本办法自 2003 年 9 月 1 日起施行。

# 前期物业服务合同（示范文本）

甲方：＿＿＿＿＿＿＿＿＿；
法定代表人：＿＿＿＿＿＿＿＿＿；
住所地：＿＿＿＿＿＿＿＿＿＿＿＿＿＿＿＿＿；
邮编：＿＿＿＿＿＿＿＿＿。
乙方：＿＿＿＿＿＿＿＿＿；
法定代表人：＿＿＿＿＿＿＿＿＿；
住所地：＿＿＿＿＿＿＿＿＿＿＿＿＿＿＿＿＿；
邮编：＿＿＿＿＿＿＿＿＿；
资质等级：＿＿＿＿＿＿＿＿＿；
证书编号：＿＿＿＿＿＿＿＿＿。

根据《物业管理条例》和相关法律、法规、政策，甲乙双方在自愿、平等、协商一致的基础上,就甲方选聘乙方对(物业名称)提供前期物业管理服务事宜,订立本合同。

## 第一章 物业基本情况

**第一条** 物业基本情况:

物业名称＿＿＿＿＿＿＿＿＿＿＿＿＿＿＿＿＿＿＿＿＿＿＿＿＿;
物业类型＿＿＿＿＿＿＿＿＿＿＿＿＿＿＿＿＿＿＿＿＿＿＿＿＿;
坐落位置＿＿＿＿＿＿＿＿＿＿＿＿＿＿＿＿＿＿＿＿＿＿＿＿＿;
建筑面积＿＿＿＿＿＿＿＿＿＿＿＿＿＿＿＿＿＿＿＿＿＿＿＿＿。
物业管理区域四至:
东至＿＿＿＿＿＿＿＿＿＿＿＿＿＿＿＿＿＿＿＿＿＿＿＿＿＿＿;
南至＿＿＿＿＿＿＿＿＿＿＿＿＿＿＿＿＿＿＿＿＿＿＿＿＿＿＿;
西至＿＿＿＿＿＿＿＿＿＿＿＿＿＿＿＿＿＿＿＿＿＿＿＿＿＿＿;
北至＿＿＿＿＿＿＿＿＿＿＿＿＿＿＿＿＿＿＿＿＿＿＿＿＿＿＿。
(规划平面图见附件一,物业构成明细见附件二)。

## 第二章 服务内容与质量

**第二条** 在物业管理区域内,乙方提供的前期物业管理服务包括以下内容:

1. 物业共用部位的维修、养护和管理(物业共用部位明细见附件三);
2. 物业共用设施设备的运行、维修、养护和管理(物业共用设施设备明细见附件四);
3. 物业共用部位和相关场地的清洁卫生,垃圾的收集、清运及雨、污水管道的疏通;
4. 公共绿化的养护和管理;
5. 车辆停放管理;
6. 公共秩序维护、安全防范等事项的协助管理;
7. 装饰装修管理服务;

8. 物业档案资料管理。

**第三条** 在物业管理区域内,乙方提供的其他服务包括以下事项:

1. ＿＿＿＿＿＿＿＿＿＿＿＿＿＿＿＿＿＿＿＿＿＿＿＿＿＿＿＿;
2. ＿＿＿＿＿＿＿＿＿＿＿＿＿＿＿＿＿＿＿＿＿＿＿＿＿＿＿＿;
3. ＿＿＿＿＿＿＿＿＿＿＿＿＿＿＿＿＿＿＿＿＿＿＿＿＿＿＿＿。

**第四条** 乙方提供的前期物业管理服务应达到约定的质量标准(前期物业管理服务质量标准见附件五)。

**第五条** 单个业主可委托乙方对其物业的专有部分提供维修养护等服务,服务内容和费用由双方另行商定。

## 第三章 服务费用

**第六条** 本物业管理区域物业服务收费选择以下第＿＿种方式:

1. 包干制

物业服务费用由业主按其拥有物业的建筑面积交纳,具体标准如下:

多层住宅:＿＿＿＿＿元/月·平方米;

高层住宅:＿＿＿＿＿元/月·平方米;

别墅:＿＿＿＿＿元/月·平方米;

办公楼:＿＿＿＿＿元/月·平方米;

商业物业:＿＿＿＿＿元/月·平方米;

物业:＿＿＿＿＿元/月·平方米。

物业服务费用主要用于以下开支:

(1)管理服务人员的工资、社会保险和按规定提取的福利费等;

(2)物业共用部位、共用设施设备的日常运行、维护费用;

(3)物业管理区域清洁卫生费用;

(4)物业管理区域绿化养护费用;

(5)物业管理区域秩序维护费用;

(6)办公费用;

(7)物业管理企业固定资产折旧;

(8)物业共用部位、共用设施设备及公众责任保险费用;

(9)法定税费;
(10)物业管理企业的利润;
(11)_____。
乙方按照上述标准收取物业服务费用,并按本合同约定的服务内容和质量标准提供服务,盈余或亏损由乙方享有或承担。

2. 酬金制
物业服务资金由业主按其拥有物业的建筑面积预先交纳,具体标准如下:

多层住宅:_____元/月·平方米;

高层住宅:_____元/月·平方米;

别墅:_____元/月·平方米;

办公楼:_____元/月·平方米;

商业物业:_____元/月·平方米;

物业:_____元/月·平方米。

预收的物业服务资金由物业服务支出和乙方的酬金构成。
物业服务支出为所交纳的业主所有,由乙方代管,主要用于以下开支:
(1)管理服务人员的工资、社会保险和按规定提取的福利费等;
(2)物业共用部位、共用设施设备的日常运行、维护费用;
(3)物业管理区域清洁卫生费用;
(4)物业管理区域绿化养护费用;
(5)物业管理区域秩序维护费用;
(6)办公费用;
(7)物业管理企业固定资产折旧;
(8)物业共用部位、共用设施设备及公众责任保险费用;
(9)_____。

乙方采取以下第____种方式提取酬金:
(1)乙方按_____(每月/每季/每年)_____元的标准从预收的物业服务资金中提取。
(2)乙方_____(每月/每季/每年)按应收的物业服务资金____%的比例提取。

物业服务支出应全部用于本合同约定的支出。物业服务支出年度结算后结余部分,转入下一年度继续使用;物业服务支出年度结算后不足部分,由全体业主承担。

第七条 业主应于_____之日起交纳物业服务费用(物业服务资金)。

纳入物业管理范围的已竣工但尚未出售,或者因甲方原因未能按时交给物业买受人的物业,其物业服务费用(物业服务资金)由甲方全额交纳。

业主与物业使用人约定由物业使用人交纳物业服务费用(物业服务资金)的,从其约定,业主负连带交纳责任。业主与物业使用人之间的交费约定,业主应及时书面告知乙方。

物业服务费用(物业服务资金)按(年/季/月)交纳,业主或物业使用人应在(每次缴费的具体时间)履行交纳义务。

第八条 物业服务费用实行酬金制方式计费的,乙方应向全体业主公布物业管理年度计划和物业服务资金年度预决算,并每年____次向全体业主公布物业服务资金的收支情况。

对物业服务资金收支情况有争议的,甲乙双方同意采取以下方式解决:

1. _____;
2. _____。

## 第四章 物业的经营与管理

第九条 停车场收费分别采取以下方式:

1. 停车场属于全体业主共有的,车位使用人应按露天车位_____元/个·月、车库车位_____元/个·月的标准向乙方交纳停车费。

乙方从停车费中按露天车位_____元/个·月、车库车位_____元/个·月的标准提取停车管理服务费。

2. 停车场属于甲方所有、委托乙方管理的,业主和物业使用人有优先使用权,车位使用人应按露天车位_____元/个·月、车库车位

＿＿＿＿＿＿＿＿元/个·月的标准向乙方交纳停车费。

乙方从停车费中按露天车位＿＿＿＿＿＿＿＿元/个·月、车库车位＿＿＿＿＿＿＿＿元/个·月的标准提取停车管理服务费。

3.停车场车位所有权或使用权由业主购置的,车位使用人应按露天车位＿＿＿＿＿＿＿＿元/个·月、车库车位＿＿＿＿＿＿＿＿元/个·月的标准向乙方交纳停车管理服务费。

**第十条** 乙方应与停车场车位使用人签订书面的停车管理服务协议,明确双方在车位使用及停车管理服务等方面的权利义务。

**第十一条** 本物业管理区域内的会所属＿＿＿＿＿＿＿＿(全体业主/甲方)所有。

会所委托乙方经营管理的,乙方按下列标准向使用会所的业主或物业使用人收取费用:

1.＿＿＿＿＿＿＿＿＿＿＿＿＿＿＿＿＿＿＿＿＿＿＿＿＿＿＿＿＿＿；
2.＿＿＿＿＿＿＿＿＿＿＿＿＿＿＿＿＿＿＿＿＿＿＿＿＿＿＿＿＿＿。

**第十二条** 本物业管理区域内属于全体业主所有的停车场、会所及其他物业共用部位、公用设备设施统一委托乙方经营,经营收入按下列约定分配:

1.＿＿＿＿＿＿＿＿＿＿＿＿＿＿＿＿＿＿＿＿＿＿＿＿＿＿＿＿＿＿；
2.＿＿＿＿＿＿＿＿＿＿＿＿＿＿＿＿＿＿＿＿＿＿＿＿＿＿＿＿＿＿。

# 第五章 物业的承接验收

**第十三条** 乙方承接物业时,甲方应配合乙方对以下物业共用部位、共用设施设备进行查验:

1.＿＿＿＿＿＿＿＿＿＿＿＿＿＿＿＿＿＿＿＿＿＿＿＿＿＿＿＿＿＿；
2.＿＿＿＿＿＿＿＿＿＿＿＿＿＿＿＿＿＿＿＿＿＿＿＿＿＿＿＿＿＿；
3.＿＿＿＿＿＿＿＿＿＿＿＿＿＿＿＿＿＿＿＿＿＿＿＿＿＿＿＿＿＿。

**第十四条** 甲乙双方确认查验过的物业共用部位、共用设施设备存在以下问题:

1.＿＿＿＿＿＿＿＿＿＿＿＿＿＿＿＿＿＿＿＿＿＿＿＿＿＿＿＿＿＿；

2._____;
3._____。
甲方应承担解决以上问题的责任,解决办法如下:
1._____;
2._____;
3._____。

**第十五条** 对于本合同签订后承接的物业共用部位、共用设施设备,甲乙双方应按照前条规定进行查验并签订确认书,作为界定各自在开发建设和物业管理方面承担责任的依据。

**第十六条** 乙方承接物业时,甲方应向乙方移交下列资料:
1. 竣工总平面图、单体建筑、结构、设备竣工图、配套设施、地下管网工程竣工图等竣工验收资料;
2. 设施设备的安装、使用和维护保养等技术资料;
3. 物业质量保修文件和物业使用说明文件;
4._____。

**第十七条** 甲方保证交付使用的物业符合国家规定的验收标准,按照国家规定的保修期限和保修范围承担物业的保修责任。

# 第六章 物业的使用与维护

**第十八条** 业主大会成立前,乙方应配合甲方制定本物业管理区域内物业共用部位和共用设施设备的使用、公共秩序和环境卫生的维护等方面的规章制度。

乙方根据规章制度提供管理服务时,甲方、业主和物业使用人应给予必要配合。

**第十九条** 乙方可采取规劝、_____、_____等必要措施,制止业主、物业使用人违反本临时公约和物业管理区域内物业管理规章制度的行为。

**第二十条** 乙方应及时向全体业主通告本物业管理区域内有关物业管理的重大事项,及时处理业主和物业使用人的投诉,接受甲方、业主和物业使用人的监督。

第二十一条　因维修物业或者公共利益,甲方确需临时占用、挖掘本物业管理区域内道路、场地的,应征得相关业主和乙方的同意;乙方确需临时占用、挖掘本物业管理区域内道路、场地的,应征得相关业主和甲方的同意。

临时占用、挖掘本物业管理区域内道路、场地的,应在约定期限内恢复原状。

第二十二条　乙方与装饰装修房屋的业主或物业使用人应签订书面的装饰装修管理服务协议,就允许施工的时间、废弃物的清运与处置、装修管理服务费用等事项进行约定,并事先告知业主或物业使用人装饰装修中的禁止行为和注意事项。

第二十三条　甲方应于_____(具体时间)按有关规定向乙方提供能够直接投入使用的物业管理用房。

物业管理用房建筑面积_____平方米,其中:办公用房_____平方米,位于_____;住宿用房_____平方米,位于_____;_____用房_____平方米,位于_____。

第二十四条　物业管理用房属全体业主所有,乙方在本合同期限内无偿使用,但不得改变其用途。

## 第七章　专项维修资金

第二十五条　专项维修资金的缴存_____。
第二十六条　专项维修资金的管理_____。
第二十七条　专项维修资金的使用_____。
第二十八条　专项维修资金的续筹_____。

## 第八章　违约责任

第二十九条　甲方违反本合同第十三条、第十四条、第十五条的约定,致使乙方的管理服务无法达到本合同第二条、第三条、第四条约定的服务内容和质量标准的,由甲方赔偿由此给业主和物业使用人造成的损失。

第三十条 除前条规定情况外,乙方的管理服务达不到本合同第二条、第三条、第四条约定的服务内容和质量标准,应按_____的标准向甲方、业主支付违约金。

第三十一条 甲方、业主或物业使用人违反本合同第六条、第七条的约定,未能按时足额交纳物业服务费用(物业服务资金)的,应按_____的标准向乙方支付违约金。

第三十二条 乙方违反本合同第六条、第七条的约定,擅自提高物业服务费用标准,业主和物业使用人就超额部分有权拒绝交纳;乙方已经收取的,业主和物业使用人有权要求乙方双倍返还。

第三十三条 甲方违反本合同第十七条的约定,拒绝或拖延履行保修义务的,业主、物业使用人可以自行或委托乙方修复,修复费用及造成的其他损失由甲方承担。

第三十四条 以下情况乙方不承担责任:
1. 因不可抗力导致物业管理服务中断的;
2. 乙方已履行本合同约定义务,但因物业本身固有瑕疵造成损失的;
3. 因维修养护物业共用部位、共用设施设备需要且事先已告知业主和物业使用人,暂时停水、停电、停止共用设施设备使用等造成损失的;
4. 因非乙方责任出现供水、供电、供气、供热、通讯、有线电视及其他共用设施设备运行障碍造成损失的;
5. _____。

# 第九章 其他事项

第三十五条 本合同期限自____年___月___日起至____年___月___日止;但在本合同期限内,业主委员会代表全体业主与物业管理企业签订的物业服务合同生效时,本合同自动终止。

第三十六条 本合同期满前____月,业主大会尚未成立的,甲、乙双方应就延长本合同期限达成协议;双方未能达成协议的,甲方应在本合同期满前选聘新的物业管理企业。

**第三十七条** 本合同终止时,乙方应将物业管理用房、物业管理相关资料等属于全体业主所有的财物及时完整地移交给业主委员会;业主委员会尚未成立的,移交给甲方或_____代管。

**第三十八条** 甲方与物业买受人签订的物业买卖合同,应当包含本合同约定的内容;物业买受人签订物业买卖合同,即为对接受本合同内容的承诺。

**第三十九条** 业主可与物业使用人就本合同的权利义务进行约定,但物业使用人违反本合同约定的,业主应承担连带责任。

**第四十条** 本合同的附件为本合同不可分割的组成部分,与本合同具有同等法律效力。

**第四十一条** 本合同未尽事宜,双方可另行以书面形式签订补充协议,补充协议与本合同存在冲突的,以本合同为准。

**第四十二条** 本合同在履行中发生争议,由双方协商解决,协商不成,双方可选择以下第____种方式处理:

1. 向_____仲裁委员会申请仲裁;
2. 向人民法院提起诉讼。

**第四十三条** 本合同一式____份,甲、乙双方各执____份。

甲方(签章)　　　　乙方(签章)
法定代表人　　　　　法定代表人
　　　　　　　　　　　　　　年　月　日

附件一:规划平面图(略)

附件二：

## 物业构成明细

| 类型 | 幢数 | 套(单元)数 | 建筑面积(平方米) |
|---|---|---|---|
| 高层住宅 | | | |
| 多层住宅 | | | |
| 别墅 | | | |
| 商业用房 | | | |
| 工业用房 | | | |
| 办公楼 | | | |
| 车库 | | | |
| 会所 | | | |
| 学校 | | | |
| 幼儿园 | | | |
| 用房 | | | |
| 合计 | | | |
| 备注 | | | |

附件三：

## 物业共用部位明细

1. 房屋承重结构；
2. 房屋主体结构；
3. 公共门厅；
4. 公共走廊；
5. 公共楼梯间；

6. 内天井；

7. 户外墙面；

8. 屋面；

9. 传达室；

10. _____；

11. _____。

## 附件四：

## 物业共用设施设备明细

1. 绿地_____平方米；

2. 道路_____平方米；

3. 化粪池_____个；

4. 污水井_____个；

5. 雨水井_____个；

6. 垃圾中转站_____个；

7. 水泵_____个；

8. 水箱_____个；

9. 电梯_____部；

10. 信报箱_____个；

11. 消防设施_____；

12. 公共照明设施_____；

13. 监控设施_____；

14. 避雷设施_____；

15. 共用天线_____；

16. 机动车库_____个_____平方米；

17. 露天停车场_____个_____平方米；

18. 非机动车库_____个_____平方米；

19. 共用设施设备用房_____平方米；

94　附　录

20. 物业管理用房_____平方米；
21. _____；
22. _____。

**附件五：**

# 前期物业管理服务质量标准

一、物业共用部位的维修、养护和管理

1. _____；
2. _____；
3. _____。

二、物业共用设施设备的运行、维修、养护和管理

1. _____；
2. _____；
3. _____。

三、物业共用部位和相关场地的清洁卫生，垃圾的收集、清运及雨、污水管道的疏通

1. _____；
2. _____；
3. _____。

四、公共绿化的养护和管理

1. _____；
2. _____；
3. _____。

五、车辆停放管理

1. _____；
2. _____；
3. _____。

六、公共秩序维护、安全防范等事项的协助管理

1. _____ ;
2. _____ ;
3. _____ 。

七、装饰装修管理服务

1. _____ ;
2. _____ ;
3. _____ 。

八、物业档案资料管理

1. _____ ;
2. _____ ;
3. _____ 。

九、其他服务

1. _____ ;
2. _____ ;
3. _____ 。

**使用说明**

1. 本示范文本仅供建设单位与物业管理企业签订《前期物业服务合同》参考使用。

2. 经协商确定,建设单位和物业管理企业可对本示范文本的条款内容进行选择、修改、增补或删减。

3. 本示范文本第六条、第七条、第八条、第九条第二款和第三款、第二十条、第二十一条、第二十二条、第二十四条所称业主,是指拥有房屋所有权的建设单位和房屋买受人;其他条款所称业主,是指拥有房屋所有权的房屋买受人。

# 业主临时公约(示范文本)

## 第一章 总 则

**第一条** 根据《物业管理条例》和相关法律、法规、政策,建设单位在销售物业之前,制定本临时公约,对有关物业的使用、维护、管理,业主的共同利益,业主应当履行的义务,违反公约应当承担的责任等事项依法作出约定。

**第二条** 建设单位应当在物业销售前将本临时公约向物业买受人明示,并予以说明。

物业买受人与建设单位签订物业买卖合同时对本临时公约予以的书面承诺,表示对本临时公约内容的认可。

**第三条** 本临时公约对建设单位、业主和物业使用人均有约束力。

**第四条** 建设单位与物业管理企业签订的前期物业服务合同中涉及业主共同利益的约定,应与本临时公约一致。

## 第二章 物业基本情况

**第五条** 本物业管理区域内物业的基本情况

物业名称_____;

座落位置_____;

物业类型_____;

建筑面积_____。

物业管理区域四至:

东至_____;

南至＿＿＿＿＿＿＿＿＿＿＿＿＿＿＿＿＿＿＿＿＿＿＿＿＿＿＿＿＿；
西至＿＿＿＿＿＿＿＿＿＿＿＿＿＿＿＿＿＿＿＿＿＿＿＿＿＿＿＿＿；
北至＿＿＿＿＿＿＿＿＿＿＿＿＿＿＿＿＿＿＿＿＿＿＿＿＿＿＿＿＿。

**第六条** 根据有关法律法规和物业买卖合同，业主享有以下物业共用部位、共用设施设备的所有权：

1. 由单幢建筑物的全体业主共有的共用部位，包括该幢建筑物的承重结构、主体结构，公共门厅、公共走廊、公共楼梯间、户外墙面、屋面、＿＿＿＿＿、＿＿＿＿＿＿、＿＿＿＿＿＿等；

2. 由单幢建筑物的全体业主共有的共用设施设备，包括该幢建筑物内的给排水管道、落水管、水箱、水泵、电梯、冷暖设施、照明设施、消防设施、避雷设施、＿＿＿＿＿、＿＿＿＿＿＿、＿＿＿＿＿＿等；

3. 由物业管理区域内全体业主共有的共用部位和共用设施设备，包括围墙、池井、照明设施、共用设施设备使用的房屋、物业管理用房、＿＿＿＿＿、＿＿＿＿＿＿、＿＿＿＿＿＿等。

**第七条** 在本物业管理区域内，根据物业买卖合同，以下部位和设施设备为建设单位所有：

1. ＿＿＿＿＿＿＿＿＿＿＿＿＿＿＿＿＿＿＿＿＿＿＿＿＿＿＿＿；
2. ＿＿＿＿＿＿＿＿＿＿＿＿＿＿＿＿＿＿＿＿＿＿＿＿＿＿＿＿；
3. ＿＿＿＿＿＿＿＿＿＿＿＿＿＿＿＿＿＿＿＿＿＿＿＿＿＿＿＿；
4. ＿＿＿＿＿＿＿＿＿＿＿＿＿＿＿＿＿＿＿＿＿＿＿＿＿＿＿＿。

建设单位行使以上部位和设施设备的所有权，不得影响物业买受人正常使用物业。

## 第三章　物业的使用

**第八条** 业主对物业的专有部分享有占有、使用、收益和处分的权利，但不得妨碍其他业主正常使用物业。

**第九条** 业主应遵守法律、法规的规定，按照有利于物业使用、安全、整洁以及公平合理、不损害公共利益和他人利益的原则，在供电、供水、供热、供气、排水、通行、通风、采光、装饰装修、环境卫生、环境保护等方面妥善处理与相邻业主的关系。

**第十条** 业主应按设计用途使用物业。因特殊情况需要改变物业设计用途的,业主应在征得相邻业主书面同意后,报有关行政主管部门批准,并告知物业管理企业。

**第十一条** 业主需要装饰装修房屋的,应事先告知物业管理企业,并与其签订装饰装修管理服务协议。

业主应按装饰装修管理服务协议的约定从事装饰装修行为,遵守装饰装修的注意事项,不得从事装饰装修的禁止行为。

**第十二条** 业主应在指定地点放置装饰装修材料及装修垃圾,不得擅自占用物业共用部位和公共场所。

本物业管理区域的装饰装修施工时间为 ,其他时间不得施工。

**第十三条** 因装饰装修房屋影响物业共用部位、共用设施设备的正常使用以及侵害相邻业主合法权益的,业主应及时恢复原状并承担相应的赔偿责任。

**第十四条** 业主应按有关规定合理使用水、电、气、暖等共用设施设备,不得擅自拆改。

**第十五条** 业主应按设计预留的位置安装空调,未预留设计位置的,应按物业管理企业指定的位置安装,并按要求做好噪音及冷凝水的处理。

**第十六条** 业主及物业使用人使用电梯,应遵守本物业管理区域的电梯使用管理规定。

**第十七条** 在物业管理区域内行驶和停放车辆,应遵守本物业管理区域的车辆行驶和停车规则。

**第十八条** 本物业管理区域内禁止下列行为:

1. 损坏房屋承重结构、主体结构,破坏房屋外貌,擅自改变房屋设计用途;

2. 占用或损坏物业共用部位、共用设施设备及相关场地,擅自移动物业共用设施设备;

3. 违章搭建、私设摊点;

4. 在非指定位置倾倒或抛弃垃圾、杂物;

5. 违反有关规定堆放易燃、易爆、剧毒、放射性物品,排放有毒有害物

质,发出超标噪声;

　　6. 擅自在物业共用部位和相关场所悬挂、张贴、涂改、刻画;
　　7. 利用物业从事危害公共利益和侵害他人合法权益的活动;
　　8. ＿＿＿＿＿＿＿＿＿＿＿＿＿＿＿＿＿＿＿＿＿＿＿＿＿＿＿＿＿;
　　9. 法律、法规禁止的其他行为。
　　**第十九条**　业主和物业使用人在本物业管理区域内饲养动物不得违反有关规定,并应遵守以下约定:
　　1. ＿＿＿＿＿＿＿＿＿＿＿＿＿＿＿＿＿＿＿＿＿＿＿＿＿＿＿＿＿;
　　2. ＿＿＿＿＿＿＿＿＿＿＿＿＿＿＿＿＿＿＿＿＿＿＿＿＿＿＿＿＿。

## 第四章　物业的维修养护

　　**第二十条**　业主对物业专有部分的维修养护行为不得妨碍其他业主的合法权益。
　　**第二十一条**　因维修养护物业确需进入相关业主的物业专有部分时,业主或物业管理企业应事先告知相关业主,相关业主应给予必要的配合。相关业主阻挠维修养护的进行造成物业损坏及其他损失的,应负责修复并承担赔偿责任。
　　**第二十二条**　发生危及公共利益或其他业主合法权益的紧急情况,必须及时进入物业专有部分进行维修养护但无法通知相关业主的,物业管理企业可向相邻业主说明情况,在第三方(如所在地居委会或派出所或 )的监督下,进入相关业主的物业专有部分进行维修养护,事后应及时通知相关业主并做好善后工作。
　　**第二十三条**　因维修养护物业或者公共利益,业主确需临时占用、挖掘道路、场地的,应当征得建设单位和物业管理企业的同意,并在约定期限内恢复原状。
　　**第二十四条**　物业存在安全隐患,危及公共利益或其他业主合法权益时,责任人应当及时采取措施消除隐患。
　　**第二十五条**　建设单位应按国家规定的保修期限和保修范围承担物业的保修责任。

建设单位在保修期限和保修范围内拒绝修复或拖延修复的,业主可以自行或委托他人修复,修复费用及修复期间造成的其他损失由建设单位承担。

第二十六条　本物业管理区域内的全体业主按规定缴存、使用和管理物业专项维修资金。

## 第五章　业主的共同利益

第二十七条　为维护业主的共同利益,全体业主同意在物业管理活动中授予物业管理企业以下权利:

1. 根据本临时公约配合建设单位制定物业共用部位和共用设施设备的使用、公共秩序和环境卫生的维护等方面的规章制度;

2. 以批评、规劝、公示、等必要措施制止业主、物业使用人违反本临时公约和规章制度的行为;

3._____;
4._____。

第二十八条　建设单位应在物业管理区域内显著位置设置公告栏,用于张贴物业管理规章制度,以及应告知全体业主和物业使用人的通知、公告。

第二十九条　本物业管理区域内,物业服务收费采取包干制(酬金制)方式。业主应按照前期物业服务合同的约定按时足额交纳物业服务费用(物业服务资金)。

物业服务费用(物业服务资金)是物业服务活动正常开展的基础,涉及全体业主的共同利益,业主应积极倡导欠费业主履行交纳物业服务费用的义务。

第三十条　利用物业共用部位、共用设施设备进行经营的,应当在征得相关业主、物业管理企业的同意后,按规定办理有关手续,业主所得收益主要用于补充专项维修资金。

## 第六章 违约责任

**第三十一条** 业主违反本临时公约关于物业的使用、维护和管理的约定,妨碍物业正常使用或造成物业损害及其他损失的,其他业主和物业管理企业可依据本临时公约向人民法院提起诉讼。

**第三十二条** 业主违反本临时公约关于业主共同利益的约定,导致全体业主的共同利益受损的,其他业主和物业管理企业可依据本临时公约向人民法院提起诉讼。

**第三十三条** 建设单位未能履行本临时公约约定义务的,业主和物业管理企业可向有关行政主管部门投诉,也可根据本临时公约向人民法院提起诉讼。

## 第七章 附则

**第三十四条** 本临时公约所称物业的专有部分,是指由单个业主独立使用并具有排他性的房屋、空间、场地及相关设施设备。

本临时公约所称物业的共用部位、共用设施设备,是指物业管理区域内单个业主专有部分以外的,属于多个或全体业主共同所有或使用的房屋、空间、场地及相关设施设备。

**第三十五条** 业主转让或出租物业时,应提前书面通知物业管理企业,并要求物业继受人签署本临时公约承诺书或承租人在租赁合同中承诺遵守本临时公约。

**第三十六条** 本临时公约由建设单位、物业管理企业和每位业主各执一份。

**第三十七条** 本临时公约自首位物业买受人承诺之日起生效,至业主大会制定的《业主公约》生效之日终止。

## 承 诺 书

本人为(物业名称及具体位置,以下称该物业)的买受人,为维护本物

业管理区域内全体业主的共同利益,本人声明如下:

一、确认已详细阅读(建设单位)制定的"×××业主临时公约"(以下称"本临时公约");

二、同意遵守并倡导其他业主及物业使用人遵守本临时公约;

三、本人同意承担违反本临时公约的相应责任,并同意对该物业的使用人违反本临时公约的行为承担连带责任;

四、本人同意转让该物业时取得物业继受人签署的本临时公约承诺书并送交建设单位或物业管理企业,建设单位或物业管理企业收到物业继受人签署的承诺书前,本承诺继续有效。

承诺人(签章)<br>年 月 日

### 《业主临时公约(示范文本)》使用说明

1. 本示范文本仅供建设单位制定《业主临时公约》参考使用。
2. 建设单位可对本示范文本的条款内容进行选择、修改、增补或删减。
3. 本示范文本第三条、第三十七条所称业主是指拥有房屋所有权的房屋买受人,其他条款所称业主是指拥有房屋所有权的建设单位和房屋买受人。